会计真账一本通

商业企业（一般纳税人）全盘账务处理

主编 余 颖 刘芬妮 林 慧 王 兵

图书在版编目(CIP)数据

会计真账一本通. 商业企业(一般纳税人)全盘账务处理 / 余颖等主编. --上海：立信会计出版社, 2021.12 (2022.5重印)

ISBN 978-7-5429-7038-1

Ⅰ. ①会… Ⅱ. ①余… Ⅲ. ①商业企业-账务处理 Ⅳ. ①F231.2

中国版本图书馆 CIP 数据核字(2021)第 281235 号

责任编辑　王斯龙

会计真账一本通——商业企业(一般纳税人)全盘账务处理
KUAIJI ZHENZHANG YIBENTONG SHANGYE QIYE·YIBAN NASHUIREN QUANPAN ZHANGWU CHULI

出版发行	立信会计出版社			
地　址	上海市中山西路 2230 号	邮政编码	200235	
电　话	(021)64411389	传　真	(021)64411325	
网　址	www.lixinph.com	电子邮箱	lixinaph2019@126.com	
网上书店	http://lixin.jd.com		http://lxkjcbs.tmall.com	
经　销	各地新华书店			
印　刷	常熟市华顺印刷有限公司			
开　本	787 毫米×1092 毫米　1/16			
印　张	25			
字　数	656 千字			
版　次	2021 年 12 月第 1 版			
印　次	2022 年 5 月第 2 次			
印　数	3 001—6 100			
书　号	ISBN 978-7-5429-7038-1/F			
定　价	96.00 元			

如有印订差错,请与本社联系调换

前　言

本书共九部分，从企业人才需求出发，以实务为导向，以培训会计上岗能力为目标。本书以江东东方服饰有限公司 2022 年 1 月和 2 月实际发生的会计业务为基础，充分考虑到会计实务工作中可能碰到的种种问题，科学地设计出一套模拟真账，引导学员运用做账软件，通过填制凭证、登记账簿、成本计算、编制报表，同时进行开具发票、认证发票、纳税申报，完成全部会计核算工作。

本书根据最新财税政策编写，采用情景式的思路，结合情景案例，高度还原业务票据，详细介绍了商业企业账务处理的流程与技巧。为了更直观地再现会计实务操作，读者可自行购买记账凭证、会计账簿等工具进行手工账务处理。账套中所涉及的案例、姓名、单位、地址、日期、身份证号码、银行相关信息等，仅为所阐释的内容和引导思考而编写，如有雷同，纯属巧合。

本书由余颖、刘芬妮、林慧、王兵担任主编。具体编写分工如下：余颖负责编写第一部分至第五部分的内容及票据整理；刘芬妮负责编写第六部分、第七部分的内容及票据整理；林慧负责编写第八部分、第九部分的内容及票据整理；王兵负责整个票据部分的协调整理及统稿。

本书编写组

2021 年 12 月

"会计真账一本通"
编委会成员

余　颖	刘芬妮	林　慧	王　兵	陆　蕊	安　芳
卢庆玲	王淑琴	李怀继	王亚杰	蔡丽君	乔秀萍
徐新娴	陈　野	李　蓉	方秀芹	黎国荣	刘立强
贺宗剑	吴智华	季春丹	王菊妍	李　冬	钱晨颖
窦文君	杨　荣	陈清平	张　鑫	张安武	肖莉梅
肖佳庆	喻　梅	唐洪芬	吴　晶	梅逸翔	姚丹丹
刘爱华	苏堃堃	汪红雨	胡　燕	杨小雪	陈荷香
谢晓英	郑世浩	宋子斌	王倩倩	高　奎	袁　约
张田田	霍星辰	陆雅琴	冯晓红	李运竹	邵红旗

目 录

情景导入 …………………………………………………………………………	1
第一部分　商业企业介绍 …………………………………………………………	2
第二部分　小企业会计准则 ………………………………………………………	5
第三部分　一般纳税人增值税涉税实务 …………………………………………	7
第四部分　商业企业情况说明 ……………………………………………………	13
第五部分　防伪税控开票系统操作 ………………………………………………	21
第六部分　进项发票认证 …………………………………………………………	23
第七部分　账务处理 ………………………………………………………………	24
第八部分　纳税申报 ………………………………………………………………	32
第九部分　会计档案处理 …………………………………………………………	34
票据簿 ………………………………………………………………………………	37

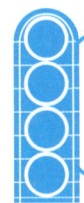

情　景　导　入

自新公司成立以来,方芳的工作逐渐步入正轨,财务各项工作都能够按时并准确无误地完成。领导对于方芳的工作表现非常满意,准备将更为重要的任务交给方芳。公司因业务发展需要,经讨论决定,将申请由小规模纳税人转为一般纳税人。方芳负责办理相关手续,后期所有财务工作也由方芳全权负责。随着业务量的增加,方芳申请采购财务软件进行账务处理。从选择财务软件到安装、设置,一系列的工作都需要方芳独立完成。下面我们就跟着方芳一起来开始会计实操吧!

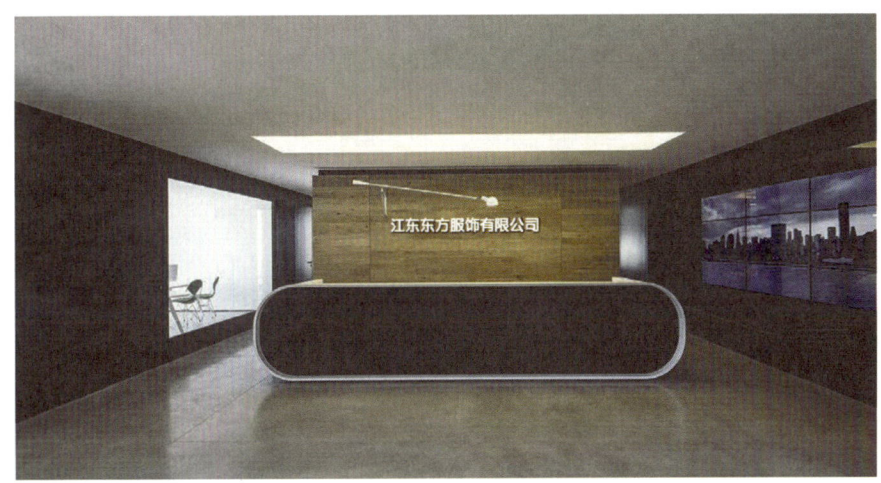

第一部分 商业企业介绍

商业企业通过买卖商品赚取净利润。商业企业简单而言就是买进货物,然后转手卖给别人,不对采购的货物进行加工或再生产的企业。批发市场、超市、百货商场、专卖店等都属于商业企业。

商业企业按照其经营方式的不同,通常可以分为批发企业和零售企业两种。

批发企业是一种中介机构,它们从制造企业或者其他批发企业那里购买商品,然后把商品转售给零售企业或者其他批发企业。

零售企业也是一种中介机构,它们从制造企业或者批发企业那里购买商品,然后将商品转售给消费者。很多零售企业既销售商品,又提供服务。

一、商业企业的基本特征

(1) 以商品的购、销、运、存为基本业务。
(2) 对经营的商品基本上不进行加工或只进行浅度加工。
(3) 商业企业的"商业利润"主要来自生产企业的让渡。
(4) 经营周期短,资金周转快。
(5) 商业企业比工业企业更接近市场。

二、企业的业务流程

商业企业业务流程主要是通过商品的购销行为,以及在购销过程中发生的运输和储存业务,完成商品由生产领域到消费领域转移的过程。

商业企业商品流通的四个基本环节:采购→仓储→运输→销售(图1-1)。

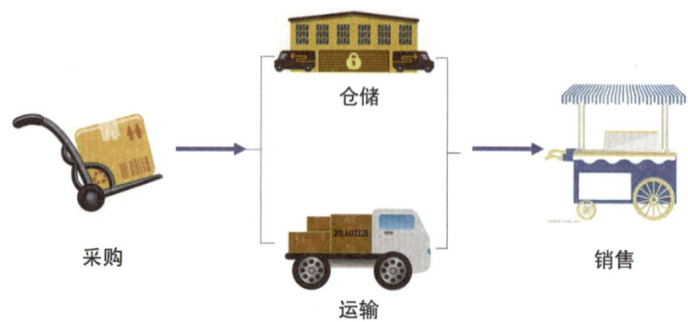

图 1-1 商业企业商品流通环节

(一) 采购

商业企业采购是企业为了满足和保障销售活动而进行的一系列业务活动,包括以下五个基本环节。

1. 申请采购

申请采购,是采购业务的起点,一般由企业需求部门编制采购清单,向采购部门提出需求商品的种类、型号、规格以及数量等相关信息。采购清单通常为一式三联,由申请部门、采购部门和财务部门各持一联,财务部门持有采购清单,主要用于后期审核合同。

2. 编制采购计划

采购流程:向供应商询价→编制采购计划→上报总经办审批→采购部门实施采购。

采购部门接到采购申请后,开始向供应商询价,货比三家后,结合供应商的报价单编制采购计划,提交总经办审批。总经办审批通过后,由采购部门负责实施采购。

3. 发出采购订单

采购计划经批准下达采购部门后,由采购部门向供应商发出采购订单,并与供应商签订合同。在此环节中,财务人员应对合同进行审核。如采购产品的标的信息与采购清单和采购计划是否一致,付款方式是否明确等。

4. 采购商品入库

采购入库后,应由仓库进行验收。经过核对数量并检验合格,才可入库,同时填写入库单。在本环节中,供应商开票情况通常会有三种情况:货票同到、票到货未到、货到票未到。财务人员应根据实际情况进行相应的账务处理。

5. 支付采购款

付款流程:采购部门申请付款→财务部审批→总经办审批→出纳付款。

采购部门填制付款申请书后,向财务部门申请付款。财务部门接到付款申请书之后,经相关人员审核批准后,由出纳按采购部门申请的付款方式向供应商付款。

(二) 仓储

商业企业的仓储,简单来说就是将采购的商品储存在指定的仓库。仓储的主要目的就是保证销售时有足够的货源。从采购商品到商品出库,都应加强对货物的管理,以防丢失、毁损和变质。仓储作业主要包括以下三个步骤。

1. 入库作业:安排仓位→商品入库→单据移交

企业采购商品抵达仓库之前,仓库应根据该批商品的特点安排好仓位,商品抵达后,由仓库进行验收,并填写验收入库单。

商品入库完成后,仓管应将入库单财务联移交财务部,会计根据入库单及其他相关资料进行入账。

2. 日常管理:清查盘点→统计汇总

商品入库后,仓库人员应当定期查验商品,对各类商品登记造册,分类存放,尤其是对近似商品能够区分清楚,确保不出差错。

财务部也应当加强对在库商品的管理,包括:在库商品信息的管理,及时跟踪商品账面信息;在库商品实物的管理,定期组织清查,进行盘点,并编制盘点表。

3. 出库作业:出库登记→商品移交→单据移交

实务中,仓库人员接到发货通知后,应根据发货清单上的信息发出商品,并做好相应的出库登记工作,由仓管填制出库单,商品出库后,仓管应当将出库单的会计联移交财务部,会计根据出库单及其他相关资料进行入账。

(三) 运输

商业企业的商品流转过程中,为了保证销售业务的顺利进行,运输环节必不可少。运输环节通常有以下两种方式。

1. 托运方式

托运方式就是将商品委托给专业运输公司进行运输。现实生活中,批发行业通常采用托运方式进行运输。

基本流程:办理托运→仓库提货→在途运输→商品移交→办理结算。

2. 自运方式

自运方式就是企业为了及时保证销售业务的顺利进行,专门成立物流部门,负责销售商品的运输。现实生活中,零售行业通常采用自运方式进行商品运输。

基本流程:商品调拨→仓库提货→打包装车→在途运输→商品移交。

(四) 销售

销售是商业活动最重要的环节,一般包含以下五个步骤。

1. 销售报价

根据产品市场价格等多方面因素,由销售部门确定产品售价后,向客户报价,即让客户知道企业产品的价格。本环节中,会计通常不参与。

2. 评审客户

企业在销售前,应对客户的信用、偿债能力尽可能进行调查分析,这样才能更有效地确保资产的安全,同时,要加强对客户的管理,对已经实现销售的产品的应收账款及时催收,尽量减少坏账、呆账。本环节,通常由销售部门进行,会计不参与。

3. 接受订单

交易双方商定价格,公司收到客户的采购订单并与客户签订合同。公司与客户签订购销合同时,会计应当对合同进行审核,重点关注合同中的标的物是否与订单一致、收款方式是否合理等。

4. 商品出库

企业销售商品时,仓管应根据合同上注明的信息发货,并确保发出货物与发货通知单上的产品名称、规格、数量一致,并做好出库登记,填写出库单,并向财务部门移交一份出库单。

5. 销售结算

发出货物后,会计根据客户信息开具销售发票后,即可确认收入。客户在验收货物后,企业应按照合同的约定条款办理款项结算。

第二部分　小企业会计准则

小企业是我国国民经济和社会发展的重要力量,加强小企业管理、促进小企业发展是保持国民经济平稳较快发展的重要基础,是关系民生和社会稳定的重大战略任务。为了提高小企业会计核算的质量,助力小企业发展,财政部于2011年颁布了《小企业会计准则》,要求从2013年开始执行,鼓励提前执行。

一、小企业会计准则的优点

《小企业会计准则》的发布,有利于加强小企业管理,促进小企业发展;有利于加强税收征管,防范金融风险;有利于健全企业会计标准体系,规范小企业会计行为。

《小企业会计准则》在核算方法上相对简单,减少了职业判断的内容;简化了报表的编制;会计政策变更、会计估计变更和会计差错更正一律采用未来适用法,在会计处理上不进行追溯调整;在税收规范上,采取了和税法更为趋同的计量规则,大大简化了会计准则与税法的协调。

二、小企业会计特点

与一般企业相比,小企业会计的特点如下:
（1）资产主要采用成本计价,不计提减值准备。
（2）盘盈盘亏不论哪种情况均通过营业外收支。
（3）小企业坏账发生时直接计入营业外支出。
（4）周转材料采用一次摊销法,金额较大时采用分次摊销法。
（5）出租出借包装物不结转成本。
（6）收入确认根据销售方式和结算方式,不再强调风险和报酬转移。
（7）接受捐赠和外币折算差额,不再形成资本公积。
（8）不用编制所有者权益变动表。

三、小企业会计准则的适用范围

小企业是指在中华人民共和国境内依法设立的、符合《中小企业划型标准规定》所规定的小型企业标准的企业。

下列三类小企业除外:
（1）股票或债券在市场上公开交易的小企业。
（2）金融机构或其他具有金融性质的小企业。
（3）企业集团内的母公司和子公司。

目前《中小企业划型标准规定》是按照《关于印发〈中小企业划型标准规定〉的通知》（工信部联企业〔2011〕300号）执行，将中小企业划分为中型、小型、微型三种类型，具体标准根据企业从业人数、营业收入、资产总额等指标，并结合行业特点制定，其中小企业的划型标准如下（部分）：

（1）农、林、牧、渔业。营业收入20 000万元以下的为中小微型企业。其中，营业收入500万元及以上的为中型企业，营业收入50万元及以上的为小型企业，营业收入50万元以下的为微型企业。

（2）工业。从业人员1 000人以下或营业收入40 000万元以下的为中小微型企业。其中，从业人员300人及以上，且营业收入2 000万元及以上的为中型企业；从业人员20人及以上，且营业收入300万元及以上的为小型企业；从业人员20人以下或营业收入300万元以下的为微型企业。

……

（15）租赁和商务服务业。从业人员300人以下或资产总额120 000万元以下的为中小微型企业。其中，从业人员100人及以上，且资产总额8 000万元及以上的为中型企业；从业人员10人及以上，且资产总额100万元及以上的为小型企业；从业人员10人以下或资产总额100万元以下的为微型企业。

（16）其他未列明行业。从业人员300人以下的为中小微型企业。其中，从业人员100人及以上的为中型企业；从业人员10人及以上的为小型企业；从业人员10人以下的为微型企业。

适用范围有何关联？

（1）《中小企业划型标准规定》所规定的小型企业标准的企业，可以执行《小企业会计准则》，也可以执行《企业会计准则》，已执行《企业会计准则》的上市公司、大中型企业和小企业，不得转为执行《小企业会计准则》。（自由选择、单项标准、一以贯之）

（2）执行《小企业会计准则》的小企业，发生的交易或者事项，《小企业会计准则》未作规范的，可以参照《企业会计准则》中的相关规定进行处理。

例如，小企业如果把闲置的办公楼对外出租，由于《小企业会计准则》没有规范投资性房地产业务的处理，在这样的事项出现的时候就可以参照《企业会计准则第3号——投资性房地产》进行会计处理。

（3）执行本准则的小企业公开发行股票或债券的，应当转为执行《企业会计准则》；因经营规模或企业性质变化而成为大中型企业或金融企业的，应当从次年1月1日起转为执行《企业会计准则》。

第三部分 一般纳税人增值税涉税实务

一、增值税纳税人及分类

(一) 增值税纳税人

在中华人民共和国境内销售货物或者加工、修理修配劳务,销售服务、无形资产、不动产以及进口货物的单位和个人,为增值税的纳税义务人,应当缴纳增值税。

(二) 增值税纳税人分类

按照经营规模的大小和会计核算是否健全等标准,增值税纳税人可分为小规模纳税人和一般纳税人。

1. 小规模纳税人

小规模纳税人是指年应征增值税销售额500万元及以下,并且会计核算不健全,不能按规定报送有关税务资料的增值税纳税人。所称会计核算不健全是指不能正确核算增值税的销项税额、进项税额和应纳税额。

2. 一般纳税人

一般纳税人是指年应征增值税销售额超过财政部、国家税务总局规定的小规模纳税人标准的企业和企业性单位。一般纳税人的特点是增值税进项税额可以抵扣销项税额。

年应税销售额未超过规定标准的纳税人,会计核算健全,能够提供准确税务资料的,可以向主管税务机关办理一般纳税人登记。除国家税务总局另有规定外,纳税人一经认定为一般纳税人,不得转为小规模纳税人。

二、增值税的税率及征收率

增值税的税率和征收率如表3-1所示。

表3-1 税率、征收率表

税率、征收率		项 目
基本税率	13%	(1)销售或进口货物(低税率的除外)、加工劳务、修理修配劳务;
		(2)有形动产租赁
低税率	9%	(1)粮食等农产品、食用植物油;
		(2)自来水、暖气、冷气、热水、煤气、石油液化气、天然气、沼气、居民用煤炭制品;
		(3)图书、报纸、杂志;
		(4)饲料、化肥、农药、农机、农膜

(续表)

税率、征收率		项 目
低税率	9%	(1)交通运输服务；
		(2)邮政服务；
		(3)基础电信服务；
		(4)不动产租赁服务；
		(5)销售不动产；
		(6)建筑服务；
		(7)转让土地使用权
	6%	(1)销售无形资产；
		(2)增值电信服务；
		(3)金融服务；
		(4)现代服务
征收率	5%	营改增特殊项目
	3%	小规模纳税人和一般纳税人特殊项目
	2%	销售自己使用过的固定资产、旧货，按照3%征收率减按2%征收
	1.5%	个人出租住房，按照5%的征收率减按1.5%计算应纳税额

三、一般纳税人应纳税额计算

一般纳税人发生应税行为采用一般计税方法计税缴纳增值税，先是按当期销售额和适用的税率计算出销项税额，然后以该销项税额对当期购进项目支付的税款(即进项税额)进项抵扣，间接算出当期的应纳税额。其应纳税额计算公式为：

<u>当期应纳增值税额＝当期销项税额－当期进项税额</u>

如果当期有进项税额转出、上月留抵税额还需一并计算。

(一)销项税额的计算

销项税额是指纳税人发生应税交易，按照销售额和增值税税率计算的增值税额。相应的计算公式为：

<u>销项税额＝销售额×税率</u>

(二)进项税额的计算

进项税额是指纳税人购进的与应税交易相关的货物、服务、无形资产、不动产和金融商品而支付或负担的增值税额。

一般纳税人可以抵扣进项税额，在计算本期应交增值税时购入单独记账的进项税额可以作为扣税项从销项税额中抵扣。

1. 凭票抵扣进项税额

凭票抵扣进项税额的具体内容如表3-2所示。

表3-2 凭票抵扣进项税额的情形

可抵扣情形	抵扣凭证
(1)从销售方取得的增值税专用发票上注明的销项税额	专用发票抵扣联
(2)机动车销售统一发票上注明的销项税额	机动车销售统一发票
(3)从海关取得的海关进口增值税专用缴款书上注明的增值税额	海关进口增值税专用缴款书
(4)自境外单位或者个人购进劳务、服务、无形资产或者境内的不动产	代扣代缴税款的完税凭证

2. 计算抵扣进项税额

(1)购进农产品，以农产品销售发票或收购发票上注明的农产品买价和9%的扣除率计算进项税额；如果纳税人购进用于生产或委托加工13%税率货物的农产品，按照10%的扣除率计算进项税额。

$$进项税额=买价×扣除率$$

(2)纳税人购进国内旅游运输服务，未取得增值税专用发票的其进项税额抵扣的具体规定如下：

第一种，取得增值税电子普通发票的，为发票上注明的税额。

第二种，取得注明旅客身份信息的航空运输电子客票行程单，可按照以下公式计算进项税额。

$$进项税额=(票价+燃油附加费)÷(1+9\%)×9\%$$

第三种，取得注明旅客身份信息的铁路车票的，可按照以下公式计算进项税额。

$$进项税额=票面金额÷(1+9\%)×9\%$$

第四种，取得注明旅客身份信息的公路、水路等其他客票的，可按照以下公式计算进项税额。

$$进项税额=票面金额÷(1+3\%)×3\%$$

第五种，取得桥、闸通行费发票，可按照以下公式计算进项税额。

$$进项税额=发票注明的金额÷(1+5\%)×5\%$$

3. 进项税额加计抵减(阶段性政策)

财政部、税务总局、海关总署公告2019年第39号规定：自2019年4月1日至2021年12月31日，允许生产、生活性服务业纳税人按照当期可抵扣进项税额加计10%，抵减应纳税额。

财政部、税务总局公告2019年第87号规定：2019年10月1日至2021年12月31日，允许生活性服务业纳税人按照当期可抵扣进项税额加计15%，抵减应纳税额。

计算公式如下：

$$当期计提加计抵减额=当期可抵扣进项税额×15\%$$

$$当期可抵减加计抵减额=上期末加计抵减额余额+当期计提加计抵减额-当期调减加计抵减额$$

4. 进项税额抵出(不得抵扣进项税额的情形)

一般用于简易计税方法计税项目、免税项目、集体福利或者个人消费的购进货物、劳务、无形资产和不动产或非正常损失的购进货物以及购进的贷款服务、餐饮服务、居民日常服务和娱乐服务等情形的进项税额不得扣除。

5. 应纳增值税额

$$当期应纳增值税额=当期销项税额-当期进项税额+进项税额转出-上期留抵税额$$

四、小规模纳税人转一般纳税人登记流程

纳税人业务流程如图3-1所示。

图3-1 纳税人业务流程

纳税人自一般纳税人生效之日起,按照增值税一般计税方法计算应纳税额。

生效之日,是指纳税人办理登记的当月1日或者次月1日,由纳税人在办理登记手续时自行选择。

纳税人在年应税销售额超过规定标准的月份(或季度)的所属申报期结束后15日内,办理一般纳税人登记相关手续;未按规定时限办理的,主管税务机关应当在规定时限结束后5日内制作《税务事项通知书》,告知纳税人应当在5日内向主管税务机关办理相关手续;逾期仍不办理的,次月起按销售额依照增值税税率计算应纳税额,不得抵扣进项税额,直至纳税人办理相关手续为止。

根据《增值税一般纳税人登记管理办法》第十条:纳税人登记为一般纳税人后,不得转为小规模纳税人,国家税务总局另有规定的除外。

五、一般纳税人会计科目设置

小规模纳税人转为一般纳税人后,财务核算变化最大的是"应交税费"科目,根据财政部关于《增值税会计处理规定》财会〔2016〕22号文件,应在应交税费科目下设置"应交增值税""未

交增值税""预交增值税""待抵扣进项税额""待认证进项税额""待转销项税额""增值税留抵税额""简易计税""转让金融商品应交增值税""代扣代交增值税"等二级明细科目。

"应交税费——应交增值税"二级明细科目下设置"进项税额""销项税额""进项税额转出""转出未交增值税""转出多交增值税"等三级科目,用于核算增值税的发生、抵扣、退税及转出等情况,如表3-3所示。

表3-3 增值税一般纳税人应交税费明细科目设置

序号	一级科目	二级科目	三级科目
1	应交税费	应交增值税	进项税额
2	应交税费	应交增值税	已交税费
3	应交税费	应交增值税	减免税款
4	应交税费	应交增值税	出口抵减内销产品应纳税额
5	应交税费	应交增值税	转出未交增值税
6	应交税费	应交增值税	销项税额
7	应交税费	应交增值税	出口退税
8	应交税费	应交增值税	进项税额转出
9	应交税费	应交增值税	转出多交增值税
10	应交税费	未交增值税	
11	应交税费	简易计税	
12	应交税费	增值税留抵税额	
13	应交税费	待抵扣进项税额	
14	应交税费	待认证进项税额	
15	应交税费	待转销项税额	
16	应交税费	预交增值税	
17	应交税费	转让金融商品应交增值税	
18	应交税费	增值税检查调整	
19	应交税费	代扣代交增值税	

"进项税额"专栏,记录一般纳税人购进货物、加工修理修配劳务、服务、无形资产或不动产而支付或负担的、准予从当期销项税额中抵扣的增值税额。

"销项税额"专栏,记录一般纳税人销售货物、加工修理修配劳务、服务、无形资产或不动产应收取的增值税额。

"进项税额转出"专栏,记录一般纳税人购进货物、加工修理修配劳务、服务、无形资产或不动产按规定退回的增值税额等发生非正常损失以及其他原因而不应该从销项税额中抵扣、按规定转出的进项税额。

六、增值税核算的账务处理

(一) 购

一般纳税人企业购进时,需要取得增值税专用发票,才可以进行进项税额抵扣;如果取得增值税普通发票是不可以进行进项税额抵扣的,税额全部计入采购成本。

借:库存商品等
　　应交税费——应交增值税(进项税额)
　　贷:应付账款/银行存款等

(二) 销

一般纳税人企业销售货物或劳务给一般纳税人时,开具的是增值税专用发票;而销售给小规模纳税人时,开具的是增值税普通发票,无论开具专用发票还是普通发票,均需要确认销项税额。

借:应付账款/银行存款等
　　贷:主营业务收入
　　　　应交税费——应交增值税(销项税额)

(三) 转

(1) 月末结转本月应交未交增值税,计算公式如下:

　　　应交未交增值税=销项税额-进项税额+进项税额转出-已交税金-减免税额

若计算结果<0,留抵增税,不进行账务处理;
若计算结果>0,应纳增值税,需进行账务处理:
借:应交税费——应交增值税(转出未交增值税)
　　贷:应交税费——未交增值税

(2) 进项税额转出的账务处理:
借:相关科目
　　贷:应交税费——应交增值税(进项税额转出)

(3) 减免税款的账务处理:
借:应交税费——应交增值税(减免税额)
　　贷:管理费用——办公费(或借方的红字)

(4) 年末结转增值税的账务处理:
年末将借方发生的金额全部转到贷方,借记"应交税费——应交增值税(转出未交增值税)";
将贷方发生的科目金额全部转到借方,贷记"应交税费——应交增值税(转出未交增值税)",即:
借:应交税费——应交增值税(转出未交增值税)
　　贷:应交税费——应交增值税(进项税额)
　　　　　　——应交增值税(减免税款)
借:应交税费——应交增值税(销项税额)
　　　　　　——应交增值税(进项税额转出)
　　贷:应交税费——应交增值税(转出未交增值税)

(四) 交

下月申报期缴纳税款时,账务处理:
借:应交税费——未交增值税
　　贷:银行存款

第四部分　商业企业情况说明

一、企业信息

(一)企业基本信息

(1) 公司名称:江东东方服饰有限公司。
(2) 社会统一信用代码(纳税人识别号):91370282607784659L。
(3) 经济类型:有限责任公司。
(4) 经营地址:江州市沿江东路88号。
(5) 公司电话:0377-6780555。
(6) 注册时间:2021年10月20日。
(7) 法定代表人:贺勇。
(8) 注册资本:100万元,其中:贺勇80万元(80%),李阳20万元(20%)。
(9) 经营范围:主要从事服装、包装制品、服饰辅料销售等业务,主营业务为男女运动服套装的销售。

(二)银行开户许可证相关信息

1. 基本户
开户银行:中国建设银行江州市沿江支行。
银行账号:36036041247716258466。
2. 一般户
开户银行:中国工商银行京州胜利门支行。
银行账号:1206045200232456458。

(三)企业登记注册证件

营业执照如图4-1所示。

图4-1 营业执照

(四)企业印章印鉴

图 4-2 企业印章印鉴

二、公司机构设置和人员情况

(一)公司组织架构

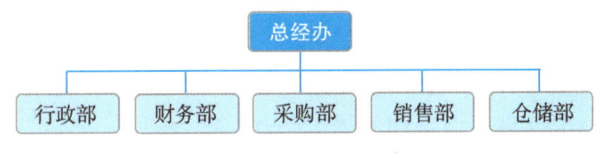

图 4-3 组织架构

(二)公司人员配备明细

表 4-1 公司人员配置明细

序号	部门	职位	姓名
1	行政部	总经理	贺 勇
		行政经理	李 阳
		行政人员	徐小贤
2	财务部	会计	方 芳
		出纳	李 晶
3	销售部	销售经理	李强平
		销售人员	郭 慧
4	采购部	采购经理	张 静
		采购人员	周 斌
5	仓储部	仓库主管	李 洁
		仓管员	管德锦

三、企业财务制度

为了加强本企业财务管理,规范企业财务行为,提高会计核算水平,根据《中华人民共和国会计法》《小企业会计准则》和其他法律法规的有关规定,结合本公司内部管理需要,制定本制度。

(一)会计制度设计目的

(1)公司根据会计业务的需要设立财务部,并聘请专职的会计人员。

(2)财务部根据会计业务的需要设置会计和出纳工作岗位。

(3)财务人员因工作调动或者离职,必须在办理完成交接手续后方可调动或离职。

(二)内部牵制制度

(1)公司实行银行票据与银行预留印鉴分管制度。

(2)非出纳人员不能办理现金、银行收付款业务。

(3)库存现金和有价证券每月抽盘一次,由会计执行。

(4)公司出纳不得兼管稽核、会计档案保管、收入、费用、资产类、负债类账目的登记工作。

(三)会计核算和会计监督

(1)本企业会计年度自公历1月1日起至12月31日止。

(2)本企业记账方法采用借贷记账法。

(3)本企业采用科目汇总表账务处理程序。

(4)本企业采用权责发生制进行账务处理。

(5)本企业会计核算以人民币为记账本位币。

(6)企业根据《小企业会计准则》要求设置一级会计科目,在不影响对外报送报表和会计核算的前提下,根据实际情况自行设置和使用二、三级会计科目。

(7)本企业会计核算以实际发生的经济业务为依据进行会计处理,会计指标口径一致,相互可比,会计处理方法前后一致。

(8)财务部办理会计业务时必须按照《会计基础工作规范》的规定对原始凭证进行审核,对不真实、不合法的原始凭证不予接受;对记载不准确、不完整的原始凭证予以退回,并要求按照《会计基础工作规范》的规定更正、补充。

(9)本企业记账凭证采用通用记账凭证。记账凭证要有制单人、审核人、记账人。

(10)若采用电脑财务软件核算,会计凭证、账簿、报表打印后应装订成册,妥善保管。企业原始凭证不得外借,其他单位如特殊原因需借用原始凭证时,经企业负责人批准后才可以借阅或复制。各种重要的经济合同、收据、涉外文件等应单独保管。

(11)企业应委托会计师事务所对年度会计报表进行审计,并积极配合其工作,禁止授意或要求注册会计师出具不当或虚假的审计报告。

四、企业相关会计制度

(一)库存现金管理制度

(1)企业财务部库存现金控制在核定限额3万元以内,不得超限额存放现金。

(2)严格执行现金盘点制度,做到日清月结,保证现金的安全。现金如有长短款,应及时查明原因,报告单位领导,并追究相关人员的责任。

(3)不准白条抵库。

(4)不准私自挪用、占用和借用企业现金。

(5) 到银行提取或送存现金(金额达3万元以上)的时候,需由两名人员同时前往。

(6) 出纳要妥善保管保险箱内存放的现金和有价证券,私人财物不得存放于保险箱。

(7) 出纳收付业务时应做到"唱收唱付",并加盖收讫、付讫印鉴。

(8) 出纳必须随时接受单位领导的检查、监督。

(9) 出纳必须严格遵守、执行上述各条规定。

(二) 银行存款管理制度

(1) 必须遵守中国人民银行的规定,办理银行基本账户和一般账户的开户和企业各种银行结算业务。

(2) 必须认真贯彻执行《中华人民共和国支付管理结算办法》《中华人民共和国票据法》等相关的结算管理制度。

(3) 企业应按每个银行开户账号建立一本银行存款日记账,出纳应及时将企业银行存款日记账与银行对账单逐笔进行核对。

(4) 空白银行支票与预留印鉴必须实行分管。由出纳登记支票使用情况,逐笔记录签发支票的用途、使用单位、金额、支票号码等。

(三) 费用审批制度

费用报销与员工借款严格执行企业审批制度,具体审批制度如下:

(1) 因公出差、经总经理批准借支公款,应在回单位后七天内结清,不得拖欠。

(2) 借款人必须按规定填写"借款单",注明借款事由、借款金额,出纳应对借款事项专门设置台账进行跟踪管理。

(3) 手续完整、填写无误的,出纳凭审批后的单据付款。

(4) 正常的办公费用开支,必须有正式发票且印章齐全,经手人、部门负责人签名。

(5) 报销单填写必须完整,原始单据必须真实、合法,签章必须符合以上相关规定,才可报销。

(6) 费用报销流程:经办人持原始凭证→部门经理审批→财务主管审批→总经理审批→财务部出纳处报销。

(7) 差旅费报销必须严格按照标准(表4-2)执行,超出部分由员工个人承担。

表4-2 差旅费标准

岗位级别	住宿标准(每房计)			交通工具	餐饮费
	一级城市	省会城市	地级县		
一般员工	400	350	300	火车(硬卧)、高铁(二等座)、汽车(含卧铺)	实报实销
部门负责人	450	400	350	飞机(经济舱)、火车(硬卧)、高铁(二等座)、汽车(含卧铺)	实报实销
总经理助理	500	450	400	飞机(经济舱)、高铁(二等座)、火车(软卧)	实报实销
总经理以上	550	500	450	飞机(经济舱)、高铁(二等座)、火车(软卧)	实报实销

(四) 往来债权核算

(1) 应收账款的管理:企业为加强对应收账款的管理,在总分类账的基础上,按客户的名称设置明细分类账,详细、序时地记载与各客户的往来情况,同时定期与客户进行核对。

(2) 借款的管理:企业各部门形成的出差借款、采购借款、各部门备用金应于业务发生后及时报销冲减借款。

(五) 存货核算

(1) 会计设立库存商品数量金额明细账,记录库存商品的收发情况,并结出其结存数量。

(2) 外购商品时,按买价加运输费、运输途中的合理损耗、入库前的挑选整理费用和按规定应计入成本的税金以及其他费用,作为实际成本。

(3) 库存商品的发出按全月一次加权平均法,一律以出库单的形式出库,在出库单上一般须注明产品名称、数量、领用部门等。

(4) 每月月末及年终需对库存商品进行盘点,务必做到账、表、物三者相符。在盘点中发现的盘盈、盘亏、损毁、变质等情况,应及时查明原因。若因管理不善造成的或无法查明原因的盘盈盘亏,经相关领导审批后,计入当期损益。

(六) 税费核算

(1) 自 2022 年 1 月 1 日起,本企业由小规模纳税人转为一般纳税人。

(2) "应交税费"科目核算企业按照税法等规定计算应交纳的各种税费,包括增值税、所得税、城市维护建设税、教育费附加、地方教育附加,以及企业代扣代交的个人所得税等。"应交税费——应交增值税"科目根据要求设置三级明细科目。

(3) 企业缴纳的印花税,按《小企业会计准则》也应该通过"税金及附加"科目核算,在实际缴纳时一并计提和支付。

(4) 本企业的企业所得税按季度申报,年度终了时进行汇算清缴。

(七) 固定资产核算

(1) 固定资产在取得时,按取得时的成本入账,取得时的成本包括买价、相关税费、运输和保险等相关费用,以及为使固定资产达到预定可使用状态前所必要的支出。

(2) 按企业实际情况,固定资产的类别、折旧年限和残值率如表 4-3 所示。

表 4-3　固定资产的类别、折旧年限和残值率

类别	折旧年限(年)	残值率
机器机械生产设备	10	5%
器具、工具、家具	5	5%
运输工具	4	5%
电子设备	3	5%

(3) 企业对固定资产采用年限平均法(即直线法)计提折旧,按月计提固定资产的折旧,本月增加的固定资产从下月起计提折旧,本月减少的固定资产从下月起停止计提折旧。

(4) 固定资产的管理由财务部和行政部共同负责,财务部设立固定资产明细账,行政部建立固定资产卡片,定期对账。

(5) 每年年终,由财务部牵头,组织使用部门对固定资产进行盘点,编制盘点表。

(八) 无形资产核算

(1) 无形资产以取得并使之达到预定用途而发生的全部支出作为其成本。对于不同来源取得的无形资产,其成本构成不尽相同。

(2) 无形资产自取得当月起在预计使用年限内分期摊销,并计入当期损益。公司采购的财务软件有效使用年限为2年。

(3) 公司对无形资产采用平均年限法(直线法)按月进行摊销,无形资产应当自可供使用(达到预定用途)当月起开始摊销,处置当月不再摊销。

(4) 无形资产的管理由财务部门和行政部门共同负责。财务部门负责建立无形资产明细账,行政部门负责清查、盘点及日常监督工作。

(5) 每年年度终了进行一次全面清查盘点,并根据需要不定期进行全面或局部的清查。

(九) 往来债务核算

(1) 应付账款是指企业因购买库存商品而发生的负债,按照实际发生额入账,并按债权人设置明细账核算增减情况。

"应付职工薪酬"科目的核算根据有关规定应付给职工的各种薪酬,按工资、员工福利、社保费、住房公积金等进行明细核算。月末将本月工资进行分配,分别计入相关成本费用账户。

其他应付款是指企业除应付票据、应付账款、预收账款、应付职工薪酬等以外的其他各项应付未付、暂收的款项,如暂收的押金、股东垫付的资金,按照实际发生额入账,并按债权人设置明细账核算增减情况。

(2) 往来债务的管理:企业各部门因采购或接受劳务形成的应付账款应及时进行账务处理,登记相应的账簿,定期与供应商对账,保证双方账账相符。

(十) 所有者权益核算

(1) "实收资本"科目核算投资者投入的资本。

(2) "本年利润"科目核算企业当期实现的净利润(或发生的净亏损),年度终了,应将本年收入和支出相抵后结出的本年实现的净利润,转入"利润分配"科目。

(3) "利润分配"科目核算企业利润的分配(或亏损的弥补)和历年分配(或弥补)后的余额。企业在"利润分配"科目下设置"未分配利润"明细科目。

(十一) 损益核算

(1) "主营业务收入"科目核算销售商品、提供劳务等主营业务的收入。企业在商品已经发出、劳务已经提供,在同时收讫价款或取得价款权利的凭证时确认收入的实现并开具发票结算。

(2) "主营业务成本"科目核算企业确认销售商品、提供劳务等主营业务收入时应结转的成本。

(3) "税金及附加"科目核算企业经营主要业务应负担的城市维护建设税、教育费附加、地方教育附加、印花税等。

(4) "销售费用"科目核算企业销售商品过程中发生的各项费用,按广告费、运输费、差旅费、工资、社保费、折旧费等进行明细核算。

(5) "管理费用"科目核算企业为组织和管理企业生产经营所发生的各项费用。按开办费、差旅费、办公费、业务招待费、通信费、车辆费、财税服务费、保险费、工资、社保费、水电费、折旧费、无形资产摊销费等进行明细核算。

（6）"财务费用"科目核算企业为筹集生产经营所需资金而发生的费用，按利息支出、利息收入、手续费等项目设置明细账，进行明细核算。

（7）"营业外收入"和"营业外支出"科目核算与企业生产经营活动无直接关系的各种收入和支出。

（8）"所得税费用"科目核算企业根据所得税准则确认的应从当期利润总额中扣除的所得税费用，需要在利润表中反映。

（9）"以前年度损益调整"科目核算企业本年度发生的调整以前年度损益的事项。

（十二）财务报告

企业财务报告分为月报、季报、半年报、年报，内容包括资产负债表、利润表、现金流量表。

五、企业相关税务信息

（1）纳税人性质：一般纳税人

（2）主管税务机关：江州市税务局第一税务分局

（3）税种鉴定情况，如表4-4所示。

表4-4 税种鉴定情况

序号	税种名称		税率	申报方式
1	增值税		13%	按月申报
2	企业所得税		25%	采用按季预缴、年末汇算清缴
3	城市维护建设税		7%	按月申报
4	教育费附加		3%	
5	地方教育附加		2%	
6	个人所得税		3%~45%	
7	印花税	购销合同	0.3‰	按月申报
8		注册资本	0.5‰	
9		财产租赁合同	1‰	
10		权利、许可证照	每件5元	
11		加工承揽合同	0.5‰	

第五部分 防伪税控开票系统操作

开票业务：

江东东方服饰有限公司2022年1月、2月相关票据业务如下。

（1）1月发票相关业务：

业务1：2022年1月22日，销售给江州恒隆贸易有限公司一批运动服，根据销售单开具增值税专用发票一张。

业务2：2022年1月25日，销售给江州天明贸易有限公司一批运动服，根据销售单开具增值税专用发票一张。

业务3：2022年1月26日，销售给江州浩泰贸易有限公司一批运动服，根据销售单开具增值税普通发票一张。

业务4：2022年1月26日，销售给江州四海贸易有限公司一批运动服，根据销售单开具增值税专用发票一张。

（2）2月发票相关业务：

业务1：2022年2月10日，销售给江州恒隆贸易有限公司一批运动服，根据销售单开具增值税专用发票一张。

业务2：2022年2月10日，上月开具给江州四海贸易有限公司的专用发票，因为盖章模糊被退回，进行红冲发票开具。

业务3：2022年2月10日，退回发票红冲完成之后，重新开具。

业务4：2022年2月10日，销售给江州天明贸易有限公司一批运动服，根据销售单开具增值税专用发票一张。

开票实训任务
INVOICE TRAINING TASK

若有模拟开票系统,可尝试完成江东东方服饰有限公司 2022 年 1 月和 2 月的开票实操练习,界面如图 5-1 所示。

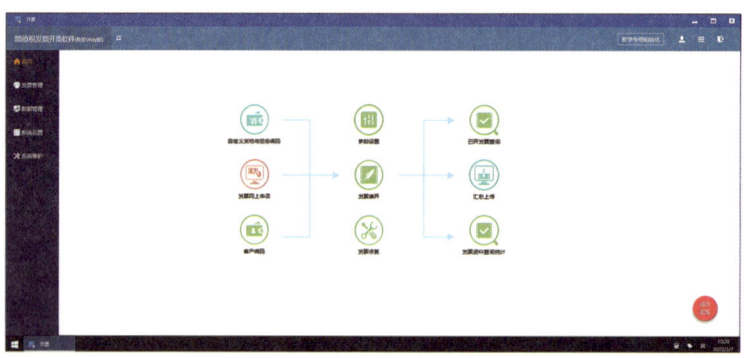

图 5-1　界面

第六部分 进项发票认证

发票认证是税务机关进行纳税申报管理、出口退税审核、发票稽核比对、异常发票核查以及税务稽查的重要依据,在推行"以票控税"、加强税收征管中发挥着重要作用。

根据国家税务总局公告2019年第8号,自2019年3月1日起,取消增值税发票认证的纳税人范围已扩大至所有一般纳税人(即纳税信用等级为A、B、M、C、D级的纳税人均可进行发票勾选认证)。一般纳税人取得增值税发票(包括增值税专用发票、机动车销售统一发票、收费公路通行费增值税电子普通发票,下同)后,可以自愿使用增值税发票综合服务平台查询、选择用于申报抵扣、出口退税或者代办退税的增值税发票信息。

若有模拟认证系统,可尝试完成江东东方服饰有限公司2022年1月、2月的认证实操,界面如图6-1所示。

图6-1 界面

第七部分 账务处理

一、会计核算流程

在了解企业相关信息以及经济业务后,进行账务处理,这里采用财务软件进行账务处理。新建账套,录入期初数据后,进行2022年1月、2月的账务处理(图7-1)。

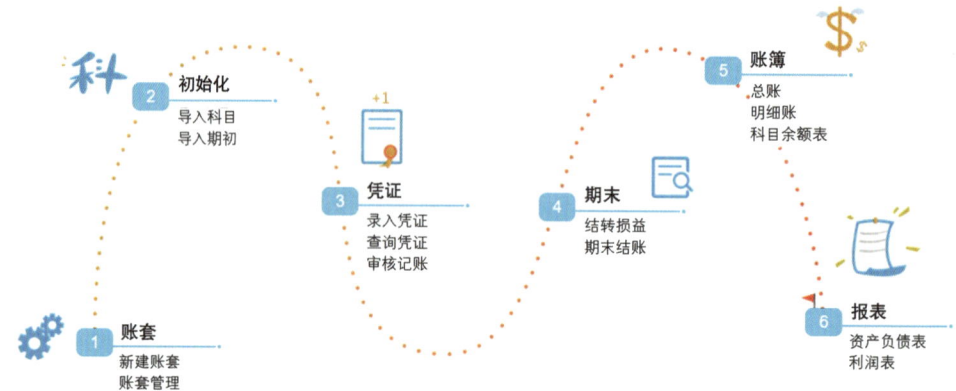

图7-1 财务软件账务处理流程图

财务软件账务处理流程可以总结为初始建账、日常账务处理、月末账务处理、财务报表生成四个步骤。

(一)新建账套

不同财务软件的新建账套界面有所不同,但通常含有以下内容(表7-1)。

表7-1 新建账套的内容

初始建账		说明
建立账套	系统登录	系统管理员登录
	新建账套	录入账套号、账套名称、启用期间
	单位信息	企业名称、会计制度选择
基础设置	凭证类别	选择"收付转"还是"记"
	部门档案	主要用于费用类科目的辅助核算
	人员档案	主要用于相关科目的辅助核算
	外币种类	主要用于现金、银行存款的外币核算

(续表)

初始建账		说明
基础设置	供应商档案	主要用于应付账款、预付账款辅助核算
	客户档案	主要用于应收账款、预收账款辅助核算
	会计科目	往来单位不用明细科目,通过辅助项目核算
	设置辅助项目核算	根据需要设置客户、供应商、部门、个人、外币、数量等对应会计科目的辅助核算项目
录入期初	期初数据录入	根据手工账年初数、本年发生额、上期试算平衡表期末余额录入,相关往来单位明细科目转为对应辅助项目
	期初试算平衡	检查借方金额与贷方金额相等

(二) 日常账务处理

不同财务软件的操作步骤略有不同,但基本操作内容是相同的(表7-2)。

表7-2 财务软件日常账务操作内容

日常操作		说明
填制凭证	现金、银行存款类科目	录入现金流量或外币数量
	数量金额类科目	处理存货、销售、成本类业务时,录入数量
	客户、供应商类科目	处理应收账款、应付账款时,录入客户名称、供应商名称
	其他项目辅助核算	处理费用类科目时,录入部门辅助核算项目
	其他科目	录入其他科目时,注意借贷方向
月末转账	计提人工费用	计提工资、社保、公积金等
	计提折旧、摊销	计提固定资产折旧、无形资产摊销、待摊费用
	计提税金	查询科目汇总表,计算各项税金
	科目检查	查询科目汇总表,检查科目余额
	审核凭证	审核人和制单人不能是同一人,换审核人用户名登录
	记账	凭证审核后才能记账,未审核凭证不能记账
	结转损益	记账后,可自动结转损益。结转损益凭证也需要审核、记账
报表生成	公式设置	选择会计制度后,会自动选择报表模板,报表公式可以修改
	资产负债表	选择会计期间,生成报表,检查平衡
	利润表	选择会计期间,生成报表
	月末结账	会计凭证全部记账后,检查科目余额后,结账后进入下一期间

二、建账初始数据资料

(一) 期初余额资料

2022年1月期初余额(资产部分)如表7-3所示。

表 7-3　2022 年 1 月期初余额（资产部分）

科目编码	科目名称	方向	期初余额 数量	期初余额 金额
1001	库存现金	借		3 549.00
1002	银行存款	借		79 622.13
100201	建设银行沿江支行 8466 账户	借		79 622.13
1122	应收账款	借		167 272.00
112202	江州田野商贸有限公司	借		45 320.00
112206	江州武进商贸有限公司	借		77 456.00
112207	江州市体育局	借		44 496.00
1221	其他应收款	借		6 000.00
122101	赵磊	借		6 000.00
1405	库存商品	借		72 097.38
140501	男式运动服套装	借	194	41 624.59
140502	女式运动服套装	借	159	30 472.79
1601	固定资产	借		20 782.80
1602	累计折旧	贷		1 006.42
1801	长期待摊费用	借		24 000.00
180101	房屋租金	借		24 000.00

2022 年 1 月期初余额（负债和所有者权益部分）如表 7-4 所示。

表 7-4　2022 年 1 月期初余额（负债和所有者权益部分）

科目编码	科目名称	方向	期初余额 数量	期初余额 金额
2202	应付账款	贷		101 839.00
220201	江东中胜贸易有限公司	贷		20 479.00
220202	江州吾悦服饰有限公司	贷		81 360.00
2211	应付职工薪酬	贷		61 723.60
221101	职工工资	贷		49 300.00
221102	社会保险费	贷		12 423.60
2221	应交税费	贷		1 639.44
222117	应交城市维护建设税	贷		55.44
222121	应交增值税	贷		1 584.00
2241	其他应付款	贷		20 000.00

(续表)

科目编码	科目名称	方向	期初余额 数量	期初余额 金额
224101	贺勇	贷		20 000.00
3001	实收资本	贷		300 000.00
300101	贺勇	贷		300 000.00
3104	利润分配	贷		−112 885.15
310415	未分配利润	贷		−112 885.15

(二)固定资产资料

表 7-5　固定资产累计折旧明细表　　　　　　　　　单位:元

使用部门	类别	名称	入账日期	原值	预计净残值率	预计净残值	预计使用年限	月折旧额	期初累计折旧额
行政部	器具、工具、家具	办公桌椅	2021-10	2 472.00	5%	123.60	5	39.14	78.28
	器具、工具、家具	文件柜	2021-10	576.80	5%	28.84	5	9.13	18.26
	电子设备	电脑	2021-10	14 238.00	5%	711.90	3	375.73	751.46
	电子设备	打印机	2021-10	2 260.00	5%	113.00	3	59.64	119.28
财务部	器具、工具、家具	保险柜	2021-10	1 236.00	5%	61.80	5	19.57	39.14
合　计				20 782.80		1 039.14		503.21	1 006.42

三、2022 年 1 月、2 月经济业务说明

(1) 2022 年 1 月,按经济业务发生先后时间整理如表 7-6 所示。

表 7-6　1 月经济业务

序列	日期	经济业务	原始凭证
1	2022/1/4	收到投资款	银行回单(2 张)
2	2022/1/4	预支差旅费	借款单
3	2022/1/5	收到货款	银行回单
4	2022/1/7	提取备用金	银行回单、单位结算卡业务凭证
5	2022/1/7	现金报销办公用品费用	费用报销单、增值税专用发票(第二联)、增值税专用发票(第三联)
6	2022/1/7	现金支付工行开户费	费用报销单、银行回单
7	2022/1/7	工行贷款	银行回单、借款合同
8	2022/1/9	报销差旅费	差旅费报销单、增值税专用发票(第二联)、增值税专用发票(第三联)、增值税普通发票、火车票、飞机票、现金收据

(续表)

序列	日期	经济业务	原始凭证
9	2022/1/11	购买包装箱	付款申请单、入库单、增值税专用发票(第二联)、增值税专用发票(第三联)、银行回单
10	2022/1/11	采购运动服套装	付款申请单、入库单、增值税专用发票(第二联)、增值税专用发票(第三联)
11	2022/1/11	采购运动服套装	付款申请单、入库单、增值税专用发票(第二联)、增值税专用发票(第三联)
12	2022/1/12	采购运动服套装	付款申请单、入库单、增值税专用发票(第二联)、增值税专用发票(第三联)
13	2022/1/12	支付货款	付款申请单、银行回单
14	2022/1/12	收到货款	银行回单
15	2022/1/14	缴纳10~12月增值税	银行回单
16	2022/1/14	缴纳10~12月城市维护建设税	银行回单
17	2022/1/14	缴纳12月印花税	银行回单
18	2022/1/15	网银支付工资	工资表、银行回单
19	2022/1/20	缴纳社会保险费	社会保险费征缴通知单、银行回单
20	2022/1/22	销售运动服套装	销售单(代合同)、出库单、增值税专用发票
21	2022/1/25	销售运动服套装	销售单(代合同)、出库单、增值税专用发票
22	2022/1/26	销售运动服套装	销售单(代合同)、出库单、增值税专用发票
23	2022/1/26	销售运动服套装	销售单(代合同)、出库单、增值税专用发票
24	2022/1/26	支付运费	付款申请单、增值税专用发票(第二联)、增值税专用发票(第三联)、银行回单
25	2022/1/26	收到货款	银行回单
26	2022/1/26	支付货款	付款申请单、银行回单
27	2022/1/26	支付银行手续费	银行回单
28	2022/1/27	支付水费	付款申请单、增值税专用发票(第二联)、增值税专用发票(第三联)、银行回单
29	2022/1/27	支付电费	付款申请单、增值税专用发票(第二联)、增值税专用发票(第三联)、银行回单
30	2022/1/28	购买财务软件	付款申请单、增值税专用发票(第二联)、增值税专用发票(第三联)、银行回单
31	2022/1/31	结转销售成本	销售成本计算表
32	2022/1/31	计提本月工资	工资计提表

(续表)

序列	日期	经济业务	原始凭证
33	2022/1/31	计提本月社会保险费、公积金	社会保险费计提表、公积金计提表
34	2022/1/31	计提本月折旧	折旧计提表
35	2022/1/31	计提本月摊销	无形资产摊销表
36	2022/1/31	摊销本月房租	房租摊销表
37	2022/1/31	计提本月增值税	应交增值税计提表
38	2022/1/31	计提本月附加税	附加税费计提表
39	2022/1/31	结转本期损益	当期损益计算表

(2) 2022年2月,按经济业务发生先后时间整理如表7-7所示。

表7-7 2月经济业务

序列	日期	经济业务	原始凭证
1	2022/2/1	报销人才招聘费	付款申请单、增值税专用发票(第二联)、增值税专用发票(第三联)、银行回单
2	2022/2/1	提取备用金	银行回单、单位结算卡业务凭证
3	2022/2/1	现金报销招待费	费用报销单、增值税普通发票
4	2022/2/2	收到货款	银行回单
5	2022/2/2	支付百度推广费	付款申请单、增值税专用发票(第二联)、增值税专用发票(第三联)、银行回单
6	2022/2/2	购买轿车、缴纳车辆购置税	付款申请单、机动车销售统一发票(第二联)、机动车销售统一发票(第三联)、银行回单(2张)、费用报销单、税收完税凭证、固定资产验收单
7	2022/2/2	缴纳保险费、车船税	付款申请单、增值税专用发票(第二联)、增值税专用发票(第三联)、银行回单
8	2022/2/2	现金报销加油费	费用报销单、通用机打发票
9	2022/2/3	支付快递费	费用报销单、增值税专用发票(第二联)、增值税专用发票(第三联)
10	2022/2/4	采购运动服套装	增值税专用发票(第二联)、增值税专用发票(第三联)、入库单
11	2022/2/4	采购运动服套装	增值税专用发票(第二联)、增值税专用发票(第三联)、入库单
12	2022/2/5	收到银行承兑汇票	电子银行承兑汇票
13	2022/2/9	支付货款	付款申请单、银行回单

(续表)

序列	日期	经济业务	原始凭证
14	2022/2/9	缴纳上月增值税	银行回单
15	2022/2/9	缴纳上月城市维护建设税、教育费附加	银行回单
16	2022/2/9	缴纳上月印花税	银行回单
17	2022/2/10	销售运动服套装	销售单(代合同)、出库单、增值税专用发票
18	2022/2/10	红冲上月江州四海贸易有限公司发票	开具红字增值税专用发票信息表、增值税专用发票(销项负数)、增值税专用发票(第二联)、增值税专用发票(第三联)
19	2022/2/10	重开上月江州四海贸易有限公司发票	增值税专用发票
20	2022/2/10	销售运动服套装	销售单(代合同)、出库单、增值税专用发票
21	2022/2/10	收到货款	银行回单(2张)
22	2022/2/15	网银支付工资	工资表、银行回单
23	2022/2/19	支付建行手续费	银行回单
24	2022/2/19	支付工行手续费、利息	银行回单(2张)
25	2022/2/19	支付水费	付款申请单、增值税专用发票(第二联)、增值税专用发票(第三联)、银行回单
26	2022/2/19	支付电费	付款申请单、增值税专用发票(第二联)、增值税专用发票(第三联)、银行回单
27	2022/2/19	预付生产线租金	付款申请单、银行回单
28	2022/2/20	缴纳社会保险费、公积金	社会保险费征缴通知单、住房公积金汇缴单、银行回单(2张)
29	2022/2/28	计提本月工资	工资计提表
30	2022/2/28	计提本月社会保险、公积金	社会保险计提表、公积金计提表
31	2022/2/28	结转销售成本	销售成本计算表
32	2022/2/28	计提本月折旧	折旧计提表
33	2022/2/28	计提本月摊销	无形资产摊销表
34	2022/2/28	摊销本月房租	房租摊销表
35	2022/2/28	结转本期损益	当期损益计算表

账务处理实训
ACCOUNTING TREATMENT

若有财务软件,可尝试完成江东东方服饰有限公司 2022 年 1 月、2 月的账务处理。

（1）新建账套。
（2）录入期初数据。
（3）审核原始凭证。
（4）填制记账凭证。
（5）查看账簿和财务报表(系统自动生成)。
（6）对账和结账。

第八部分 纳税申报

一般纳税人纳税申报内容如表8-1所示。

表8-1 一般纳税人纳税申报内容

序列	内容	申报方式	申报系统
1	增值税	按月申报	电子税务局
2	企业所得税	按季申报	
3	城市维护建设税	按月申报	
4	教育费附加	按月申报	
5	地方教育附加	按月申报	
6	财务报表	按月申报	
7	印花税	按月申报	
8	个人所得税	按月申报	自然人电子税务局

有关政策如图8-1所示。

关于印发《增值税会计处理规定》的通知

财会〔2016〕22号

国务院有关部委,有关中央管理企业,各省、自治区、直辖市、计划单列市财政厅(局),新疆生产建设兵团财务局,财政部驻各省、自治区、直辖市、计划单列市财政监察专员办事处:

为进一步规范增值税会计处理,促进《关于全面推开营业税改征增值税试点的通知》(财税〔2016〕36号)的贯彻落实,我们制定了《增值税会计处理规定》,现印发给你们,请遵照执行。

附件:增值税会计处理规定

财政部
2016年12月3日

图8-1 有关政策

纳税申报实训
TAX DECLARATION TRAINING

若有模拟纳税申报系统,可尝试完成江东东方服饰有限公司 2022 年 1 月、2 月的纳税申报实操,界面如图 8-2 所示。

图 8-2　界面

个税申报实训
PERSONAL TAX DECLARATION TRAINING

若有模拟个税申报系统,可尝试完成江东东方服饰有限公司 2022 年 2 月的个税申报实操,界面如图 8-3 所示。

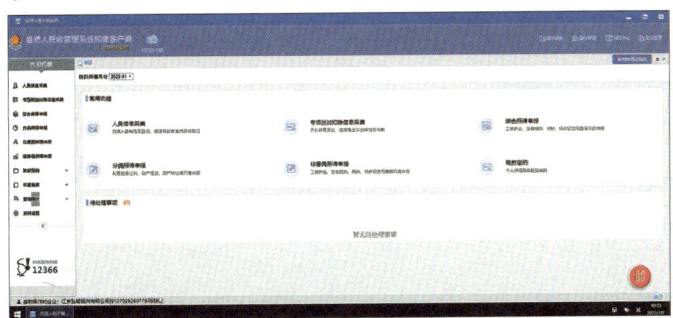

图 8-3　界面

第九部分 会计档案处理

一、会计凭证装订

会计凭证一般在每月结账后装订一次,装订好后要妥善保存,以方便后期查阅。会计凭证装订步骤如表9-1所示,会计凭证打孔装订如图9-1所示。

表9-1 会计凭证装订步骤

步骤	内容
(1)原始凭证整理	粘贴在记账凭证后面
(2)记账凭证整理	按照凭证号进行整理,确保不断号、不跳号
	检查记账凭证日期、金额、经济业务与原始凭证是否一一对应
	取出大头针、曲别针、订书钉等金属物
(3)其他资料整理	科目汇总表、T形账放会计凭证的最前面
	试算平衡表放会计凭证后面
	银行对账单、银行存款余额调节表可装订在第一本凭证中或年终单独装订保存,按企业历年要求处理
(4)物料顺序	凭证包角字面朝下放凭证封面上面
	顺序:包角、凭证封面、科目汇总表、T形账、会计凭证、试算平衡表、凭证封底
(5)打孔装订	左沿边对齐,上沿边对齐,并用夹子固定好
	左上角打孔:分别距左沿边、上沿边1.5厘米各打一个孔
	穿线装订,装订后在会计凭证背面打结紧,剪掉多余线头
	粘贴好包角
(6)填写凭证信息	填写封面信息:年度、月份、册数、凭证起止号、单位信息、会计人员等
	填写包角信息:年度、月份、册数、凭证起止号

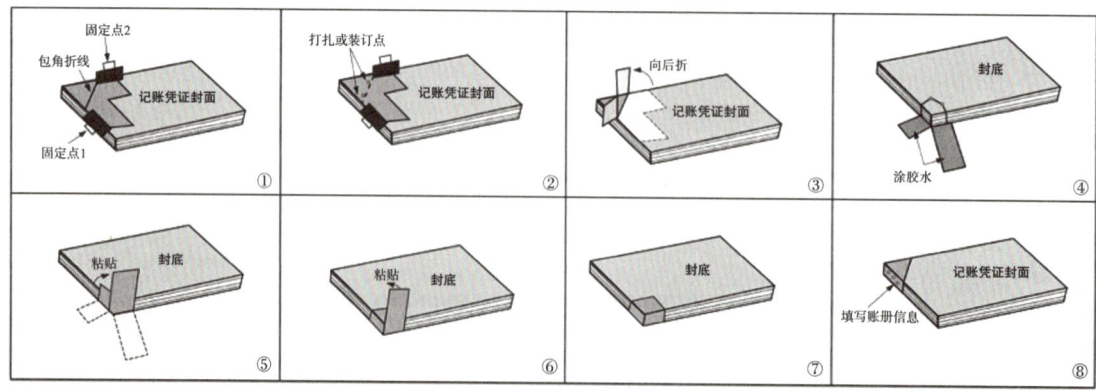

图9-1 会计凭证打孔装订

二、增值税专用发票抵扣联的装订

增值税专用发票抵扣联,根据取得的时间顺序,按单证种类每25份装订一册,不足25份的按实际份数装订。

三、会计账簿装订

具体装订方法如表9-2所示,打孔装订如图9-2所示。

表9-2 账簿装订方法

步骤	内容
(1)内页排序	把当月认证抵扣的增值税专用发票的抵扣联按顺序排列
	盖有税务局认证结果清单的证明附在一起
(2)装订顺序	封面、认证清单、抵扣联、封底
(3)打孔装订	左沿边对齐,上沿边对齐,并用夹子固定好
	左侧打孔装订,距左沿边1.5厘米处等距离打3个孔,两孔之间距离为3厘米
	穿好线绳,在背面打结系紧后,剪掉多余的线头,用胶水粘好包角纸

将整本凭证向左磕齐并打孔

用线绳穿过三个孔并捆绑紧

将绳结打在背面,并用纸条封盖

图9-2 账簿打孔装订示意图

四、会计报表的装订

会计报表编制完成及时报送后,留存的报表按月装订成册谨防丢失。小企业的报表可按季装订成册。具体装订方法如表9-3所示。

表9-3 会计报表的装订

步骤	内容
(1)报表整理	会计报表装订前要按编报目录核对是否齐全,整理报表页数,上边和左边对齐压平,防止折角。如有损坏部位,修补后,完整无缺地装订
(2)装订顺序	会计报表封面、会计报表编制说明、各种会计报表(按会计报表的编号顺序排列)、会计报表的封底

请使用材料完成江东东方服饰有限公司2022年1月、2月的会计档案的装订实操。
（1）在财务软件中下载并打印记账凭证、科目汇总表和财务报表。
（2）按要求将1月、2月会计凭证进行整理，按月分别进行装订。
（3）按要求将1月、2月增值税专用发票抵扣联进行整理和装订。
（4）按要求将1月、2月会计报表进行整理和装订。

【备注】采用财务软件进行账务处理，会计账簿一般在年度终了时统一打印，并装订归档，平时不打印；需要查询会计账簿数据可直接在财务软件中查询。

票据簿

1-1 中国建设银行单位客户专用回单

币别：人民币　　　　　2022年01月04日　　　　流水号：3206021450MZTTCX8RL

付款人	全称	贸勇	收款人	全称	江东东方服饰有限公司
	账号	36031422232100111111		账号	36036041247716258466
	开户行	中国建设银行江州市浒江支行		开户行	中国建设银行江州市浒江支行
金额	（大写）人民币伍拾万元整			（小写）¥500,000.00	
凭证种类	电汇转账凭证		凭证号码	000206824912	
结算方式	转账		用途	投资款	

打印柜员：32066045001
打印机构：江州浒江支行
打印卡号：3205025906650018

打印时间：2022-01-04　　　　交易柜员：320001450D38　　　　交易机构：320001450

（付方回单）
（收款人回单）

本回单可通过网点自助设备或建行网站校验真伪

电子回单专用章　中国建设银行

票据簿

1-2

中国建设银行 中国建设银行单位客户专用回单

币别：人民币　　　　　2022年01月04日　　　　　流水号：3206021450MZTTCX8RM

付款人	全称	李阳	收款人	全称	江苏东方服饰有限公司	（贷方回单）
	账号	36031422232100011112		账号	3603604124771625846	
	开户行	中国建设银行江州市沿江支行		开户行	中国建设银行江州市沿江支行	（小写）¥200,000.00
金额	（大写）人民币贰拾万元整					
凭证种类	电汇转账凭证		凭证号码	000206824812		
结算方式	转账		用途	投资款		

中国建设银行
电子回单
专用章

打印时间：2022-01-04　　　交易柜员：320001450D36　　　交易机构：320001450

（收款人回单）

本回单可通过网点自助设备或建行网站校验真伪

票据簿

2-1

借 款 单

2022 年 01 月 04 日填

部　　　门	销售部	借 款 人	李强平
借　款　事　由	预支差旅费		
预计还款/报销日期			
借　款　金　额	人民币（大写）⊗拾⊗万叁仟零佰零拾零元零角零分	￥3,000.00	
领　导　审　批	领勇	借款人签收	李强平

部门主管 李强平　　财务主管 方芳　　会计 方芳　　出纳 李强平　　2022 年 01 月 04 日

现金付讫

票据簿

中国建设银行单位客户专用回单

币别：人民币　　　　　　　2022年01月05日　　　　　　流水号：3206021450A65YH315

付款人	全称	江州田野商贸有限公司	收款人	全称	江东东方服饰有限公司
	账号	36075328911118525233		账号	36036041247716258466
	开户行	中国建设银行江州市新城支行		开户行	中国建设银行江州市沿江支行
金额	（大写）人民币肆万伍仟叁佰贰拾元整				（小写）¥45,320.00
凭证种类	电汇转账凭证		凭证号码		5263350012
结算方式	转账		用途		货款

打印柜员：3206045001
打印机构：江州市沿江支行
打印卡号：32050259066555518

交易柜员：32001450D36　　　交易机构：320001450

打印时间：2022-01-05

本回单可通过网点自助设备或建行网站校验真伪

票据簿

4-1 中国建设银行单位客户专用回单

中国建设银行 China Construction Bank

币别：人民币　　　　　2022年01月07日　　　　　流水号:3206021450A65YH3I6

付款人	全　称	江东东方服饰有限公司	收款人	全　称	
	账　号	36036041247716258466		账　号	
	开户行	中国建设银行汀州市治江支行		开户行	
金　额	（大写）人民币伍仟元整				（小写）¥5,000.00
凭证种类	电汇转账凭证		凭证号码	4583214654517	
结算方式	转账		用　途	提现	

打印柜员：32066045001
打印机构：汀州市治江支行
打印卡号：23729384928520

（借方回单）（付款人回单）

本回单可通过网点自助设备或建行网站校验真伪

交易柜员：320001450D36　　　交易机构：320001450

打印时间：2022-01-07

票据簿

4-2

中国建设银行 China Construction Bank
单位结算卡业务凭证

币别：人民币　　　　2022年01月07日　　　　流水号：3605403510NJP8QYKVN

付款人	全称	江东东方服饰有限公司	收款人	全称	
	账号	36036041247716258466		账号	
	开户行	中国建设银行江州市沿江支行		开户行	

金额	（大写）人民币伍仟元整	（小写）￥5,000.00
结算方式	取款	
凭证种类		

签字： 李明

备注：

组件流水号：32061513908569622

用户填写：请在相应业务种类前打"√"
□卡内转账：账（卡）号 _____
□现金存入：账（卡）号 _____
□转账、汇兑：收款人全称 _____
　　　　　　收款人账（卡）号 _____
　　　　　　收款人开户银行 _____

金额（大写） _____ （小写） _____

主管：　　　　授权：　　　　复核：　　　　经办：

（印章：中国建设银行股份有限公司 江州市沿江支行 业务专用章 734176MYVWWS）

贷方回单

付款账户□序号 □账（卡）号 _____
付款账户全称 _____
收款账户□序号 □账（卡）号 _____
收款账户全称 _____

用途： _____

票据簿

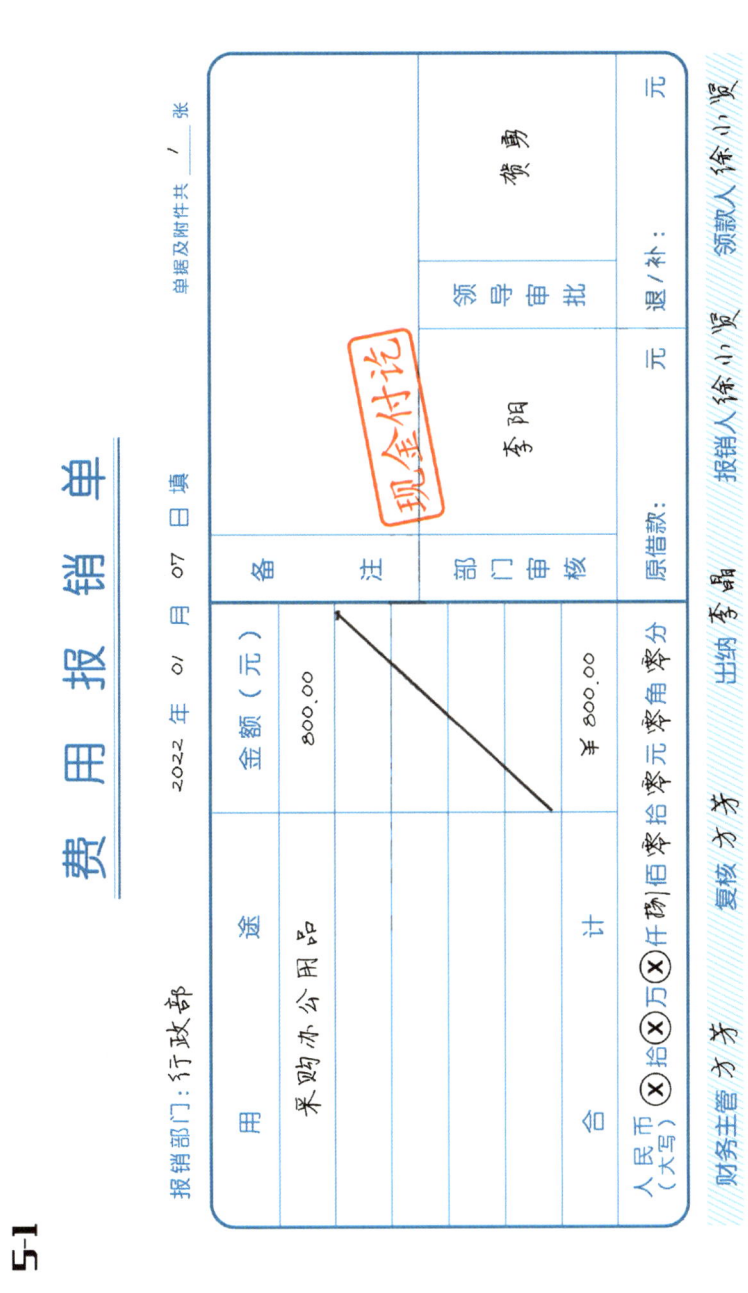

票据簿

江东增值税专用发票

发票代码：3200170211
发票号码：67548021
开票日期：2022年01月07日

校验码：639-29<0->164/+<8>9>/7*/+80*90696>/17>1<*46>0/<5/-38 62+-*<>4+910<073-<9+819+10 97279>53>13739 69*4<18+/3<>3

购买方
- 名称：江东东方服饰有限公司
- 纳税人识别号：91370282607784659L
- 地址、电话：江州市沿江江东路88号0377-6780555
- 开户行及账号：中国建设银行江州市沿江支行360360412477162584 66

货物或应税劳务、服务名称	规格型号	单位	数量	单价	金额	税率	税额
*纸制品*打印纸	A4		1	707.97	707.97	13%	92.03
合　计					¥707.97		¥92.03

价税合计（大写）　㊀捌佰圆整　（小写）¥800.00

销售方
- 名称：江州共创文具有限公司
- 纳税人识别号：91370421798563581A
- 地址、电话：江州市建设东路29号0377-6181815
- 开户行及账号：中国建设银行江州市建设支行36054523685200002581

收款人：李华　　复核：江佩　　开票人：陈齐

销售方：（发票专用章 91370421798563581A 江州共创文具有限公司）

税总函〔2022〕567号＊＊造币有限公司

票据簿

江东增值税专用发票

发票代码: 3200170211
发票号码: 67548021

开票日期: 2022年01月07日

密码区:
/>639-29<0->164/+<8>9>/7*/+
80*90696>/17>1<*46>0/<5/-38
62+-*<>4+910<073-<9+819-+10
97279>53>13739694<18+/3<>3

购买方:
- 名称: 江东东方服饰有限公司
- 纳税人识别号: 91370282607784659L
- 地址、电话: 江洲市浩江江东路88号 0377-6780555
- 开户行及账号: 中国建设银行江洲市浩江支行 360360412477716258466

货物或应税劳务、服务名称	规格型号	单位	数量	单价	金额	税率	税额
*纸制品*打印纸	A4		1	707.97	707.97	13%	92.03
合计					¥707.97		¥92.03

价税合计(大写): ⊗ 捌佰圆整　　(小写) ¥800.00

销售方:
- 名称: 江洲共创文具有限公司
- 纳税人识别号: 913704217985635831A
- 地址、电话: 江洲市建设东路29号 0377-6181815
- 开户行及账号: 中国建设银行江洲市建设支行 360545236852000002581

备注: 陈奇

收款人: 李华　　复核: 江顺　　开票人: 陈顺

销售方: 共创文具有限公司 发票专用章 913704217985635831A

税总函〔2022〕567号 ** 造币有限公司

票据簿

6-1

费 用 报 销 单

报销部门：行政部　　　　　　2022 年 01 月 07 日填　　　　　　单据及附件共 １ 张

用　途	金额（元）	备注
现金支付工行开户费	200.00	现金支付工行开户费
		部门审核 李阳
		领导审批 赖勇
合　计	人民币贰佰元整 200.00	

人民币（大写）⊗拾⊗万⊗仟贰佰零拾零元零角零分

财务主管 方芳　　复核 方芳　　出纳 李娟　　报销人 徐小雯　　领款人 徐小雯

原借款：　　元　　退/补：　　元

（现金付讫）

票据簿

6-2

ICBC 中国工商银行 收费凭证（记账联）

付款日期：2022年01月07日
付款账号：1206045200232456458
付款名称：江东东方服饰有限公司
付款行：中国工商银行江州市胜利门支行
币种：人民币
合计支收金额（大写）：贰佰圆整
合计支收金额（小写）：
合计应收金额： RMB 200.00
付款方式：现金 RMB 200.00
产品名称：银行开户
收用项目名称：开户手续费
摘要：银行开户手续费
费用发生日：2022年01月07日   业务发生日：2022年01月07日

经办：陈德行   复核：李丽

（中国工商银行股份有限公司胜利门支行 业务专用章 (01)）

票据簿

7-1

ICBC 中国工商银行 借款凭证（回单）3

日期：2022年01月07日 No.76532912

借款人	名 称	中国工商银行胜利门支行		名 称	江东东方服饰有限公司									
	账 号	1206085300232451250	收款人	账 号	120604520023245 6458									
	开户银行	中国工商银行胜利门支行		开户银行	中国工商银行胜利门支行									
借款期限（最后还款日）		2022年07月07日	月利率	0.4%	起息日期	2022年01月08日								
借款申请金额		人民币（大写）贰拾万元整				千	百	十	万	千	百	十	元	角	分
								¥	2	0	0	0	0	0	0
借款原因及用途		周转资金借款												

期限	计划还款日期	计划还款金额	银行核定金额	还款日期	期次	还款金额	结欠
1			√		分次还款记录	千百十万千百十元角分 ¥ 2 0 0 0 0 0 0	
2							
3							
4							
5							

中国工商银行
胜利门支行
2022-01-07
(01)

备注：上述借款业已同意贷给并转入你单位基本账户，借款到期时应按期归还。此致！

借款单位：
（银行盖章）

2022 年 01 月 07 日

票据簿

合同编号：(2021年) 第050号

7-2 中国工商银行借款合同

甲方（借款方）： 江东东方服饰有限公司

乙方（贷出方）： 中国工商银行胜利门支行

甲方为了周转资金，特向乙方申请流动资金借款。

借款用途： 周转资金。
借款金额： 人民币贰拾万元整（20万元）。
借款期限： 2022年1月8日——2022年7月7日，共计6个月。
借款利率： 4.8%

本合同经双方签字后生效，借款本金和利息全部清偿完后自动失效。
本合同一式两份，借款方和贷出方各执一份。两份合同具有同等效力。

借款方：江东东方服饰有限公司　　　　法定代表人：贺勇

贷出方：中国工商银行胜利门支行　　　银行负责人：马林

2022年01月07日

票据簿

差 旅 费 报 销 单

报销部门：销售部　　　　　　2022 年 01 月 09 日填　　　单据及附件共 5 张

姓名	李强平	职别	销售主管	出差事由	考察市场		
出差起止日期:自 2022 年 01 月 05 日起至 2022 年 01 月 08 日止　共 3 天							
日期		起讫地点	交通费	住宿费	餐费	出差补助	其他	小计
月	日							
01	05	江州-郑州	422.00	954.00	477.00			1853.00
01	08	郑州-江州	658.00					658.00
		合　计	1080.00	954.00	477.00			2511.00

人民币（大写）　⊗拾⊗万贰仟伍佰壹拾壹元零角零分

原借款：3000.00 元　　退/补：489.00 元

领导审批 颂勤　部门主管 李强平　财务主管 方芳　会计 方芳　出纳 李娟　领款人 李强平

B-1

票据簿

河南增值税专用发票

B-2 4100190211 №67265403

发票代码: 4100190211
发票号码: 67265403
开票日期: 2022年01月08日

密码区:
0>87<57>20259243Z/279*/5632
70/4/-016>9+-40-4753-*14*<5
-3540-0/32+<53-86>70>4057>0
04<3+9693>35093-54181+37602

购买方
- 名称: 江东东方服饰有限公司
- 纳税人识别号: 91370282607784659L
- 地址、电话: 江州市沿江东路88号 0377-6780555
- 开户行及账号: 中国建设银行江州市沿江支行 3603604124771625 8466

货物或应税劳务、服务名称	规格型号	单位	数量	单价	金额	税率	税额
*住宿服务*住宿费		晚	3	300.00	900.00	6%	54.00
合　计					¥900.00		¥54.00

价税合计(大写): ⊗ 玖佰伍拾肆圆整　　(小写) ¥954.00

销售方
- 名称: 郑州景峰豪越酒店有限公司
- 纳税人识别号: 91410121798654718l
- 地址、电话: 郑州市中原路355号 0371-58825203
- 开户行及账号: 中国农业银行郑州景山支行 325803032166678 4521

备注: 陈依依

收款人: 李蒙　　复核: 周田　　开票人: 陈依依

销售方(章): 郑州景峰豪越酒店有限公司发票专用章 91410121798654718l

税总函〔2022〕644号　**造币有限公司

票据簿

河南增值税专用发票

No 67265403

4100190211
67265403

开票日期：2022年01月08日

购买方	名　称：江东方服饰有限公司 纳税人识别号：91370282607784659L 地　址、电　话：江州市沿江东路88号0377-6780555 开户行及账号：中国建设银行江州市沿江支行360360412477162584666						
密码区	0>87<57>202592437/279*/5632 70/4/-016>9+-40-4753-*14*<5 -3540-0/32+-53-86>70>4057>0 04<3+9693>35093-54181+37602						
货物或应税劳务、服务名称	规格型号	单位	数量	单价	金额	税率	税额
*住宿服务*住宿费		晚	3	300.00	900.00	6%	54.00
合　计					¥900.00		¥54.00
价税合计（大写）	⊗ 玖佰伍拾肆圆整				（小写）¥954.00		
销售方	名　称：郑州景峰豪越酒店有限公司 纳税人识别号：91410121798654718l 地　址、电　话：郑州市中原路355号 0371-58825203 开户行及账号：中国农业银行郑州嵩山支行 325803032166784521						
收款人：李豪		复核：周田			开票人：陈依依		

税总函〔2022〕644号 ★★造币有限公司

票据簿

河南增值税普通发票

发票代码：04100213 0320
发票号码：No 00954783
开票日期：2022年01月08日

密码区：
9>8+1<>0929/6/149<-5927+-4-9
/85>*-+9<8192-2>/23/87-0/+/9
+6<5604-06<*1290+8743/41891<
-0-296+393>+491+861*5979*049

购买方	名　称：	江苏东方服饰有限公司
	纳税人识别号：	91370282607784659L
	地　址、电　话：	江州市沿江东路88号0377-6780555
	开户行及账号：	中国建设银行江州市沿江支行36036041247716258466

货物或应税劳务、服务名称	规格型号	单位	数量	单价	金额	税率	税额
*餐饮服务*餐饮费			1	450.00	450.00	6%	27.00
合　计					¥450.00		¥27.00

价税合计（大写）：⊗ 肆佰柒拾柒圆整　　　（小写）¥477.00

销售方	名　称：	郑州鲷鲤鱼餐饮管理有限公司
	纳税人识别号：	91440300403238044C
	地　址、电　话：	郑州市益州路16号0371-74577543
	开户行及账号：	中国银行股份有限公司益田支行62419804594286

备注：邵发诚

收款人：徐志英　　复核：闵天天　　开票人：邵发诚

销售方发票专用章：郑州鲷鲤鱼餐饮管理有限公司 91440300403238044C

税总函〔2022〕342号 ** 造币有限公司

票据簿

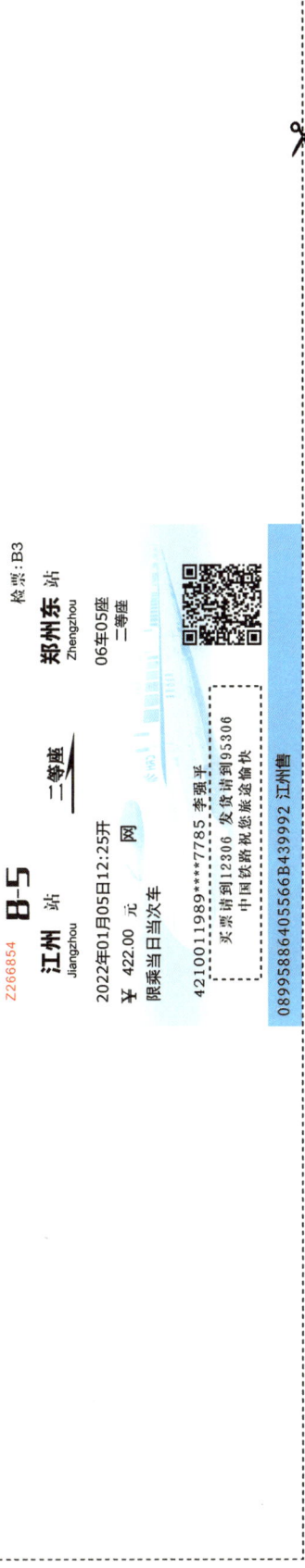

票据簿

B-5

航空运输电子客票行程单
ITINERARY/RECEIPT OF E-TICKET FOR AIR TRANSPORT

旅客姓名 NAME OF PASSENGER	有效身份证件号码 ID.NO.				印刷序号： SERIAL NUMBER:		
李强平	410011989125 47785						

签注 ENDORSEMENT/RESTRICTIONS(CABRON)							
					不得签转		

承运人 CARRIER	航班号 FLIGHT	座位等级 CLASS	日期 DATE	时间 TIME	客票级别/客票类别 FARE BASIS	NOTVALIDBEFORE / NOTVALIDAFTER	免费行李 ALLOW
自FROM 郑州	MU	2342	Y	08Jan	13:50	Y99GP		20K
至TO 江州		VOID						
至TO								
至TO VOID								

票价 FARM	民航发展基金	燃油附加费 FUEL SURCHARGE	其他税费 OTHER TAXES	合计 TOTAL	保险费 INSURANCE
508.00	CNY 50.00	CNY 100.00	CNY	CNY 658.00	0.00

电子客票号码 78153567 24748
E-TICKET NO.

销售单位代号 MIS CAAC
AGENT CODE 08036932

填开单位 中国民航服务公司
ISSUED BY

填开日期 2022年01月08日
DATE OF ISSUE

验证码 CK
提示信息 INFORMATION 短信验证码发送至IP至106699018

验真网址：WWW.TRAVELSKY.COM 服务热线:400-815-8888 请乘客机票认真阅读《旅客须知》及承运人的运输总条件内容

付款凭证 RECEIPT
手写无效 INVALID IN HANDWRITING

票据簿

B-7

收　　据   No.0012101

2022 年 01 月 09 日

今收到 李强平

交　来：还预借差旅费余款

人民币（大写）　⊗ 佰 ⊗ 拾 ⊗ 万 ⊗ 仟 肆 佰 捌 拾 玖 元 零 角 零 分　　¥ 489.00

收款单位（盖章）

☑ 现金　□ 转账　□ 支票　□ 其他

现金收讫

财务主管 方芳　　记账 方芳　　出纳 李晶　　审核 方芳　　经办 李强平

票据簿

付 款 申 请 单

申请部门：采购部　　　　　2022 年 01 月 11 日填

收款单位	江州彩明印刷有限公司
银行账号	13060203000315325
开户行	江州工商银行新渡口路支行
付款方式	银行转账
付款截止日	
人民币（大写）	⊗佰⊗拾壹万叁仟叁佰零拾零元零角零分	付款原因	购买包装箱
	￥11,300.00		

领导审批：颂勇　　财务主管：方方　　部门主管：张静　　经办人：凤斌

9-1

票据簿

9-2

江东东方服饰有限公司入库单

交来单位：江州彩明印刷有限公司　　2022 年 01 月 11 日

№. 1601005

商品名称	规格	单位	应收数量	实收数量	单价	金额	备注
包装箱		个	2000	2000	5.00	10000.00	第三联 财务联
合计						10000.00	

部门经理：张锋　　会计：方方　　仓管主管：李浩　　经办人：邓俊锋

票据簿

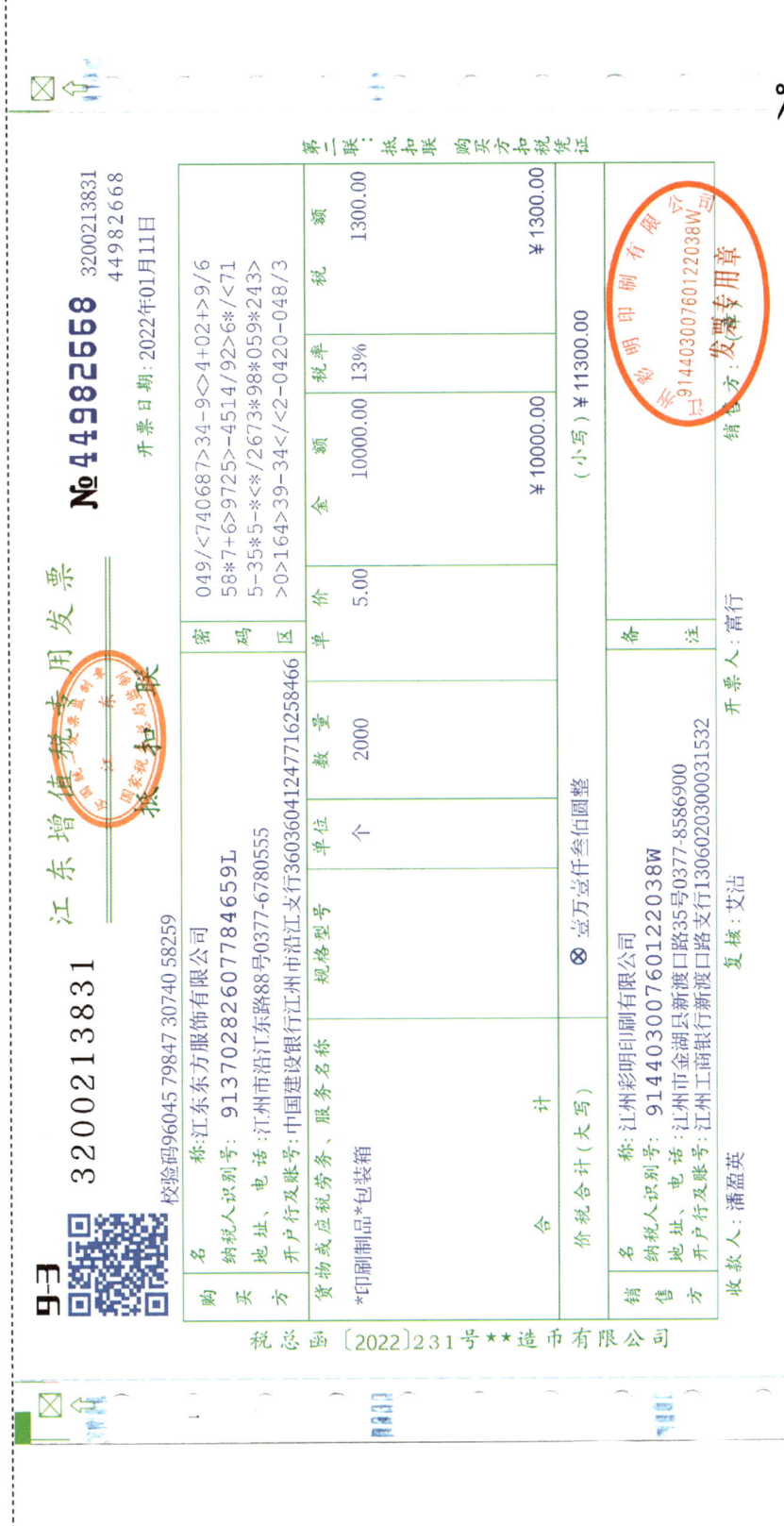

票据簿

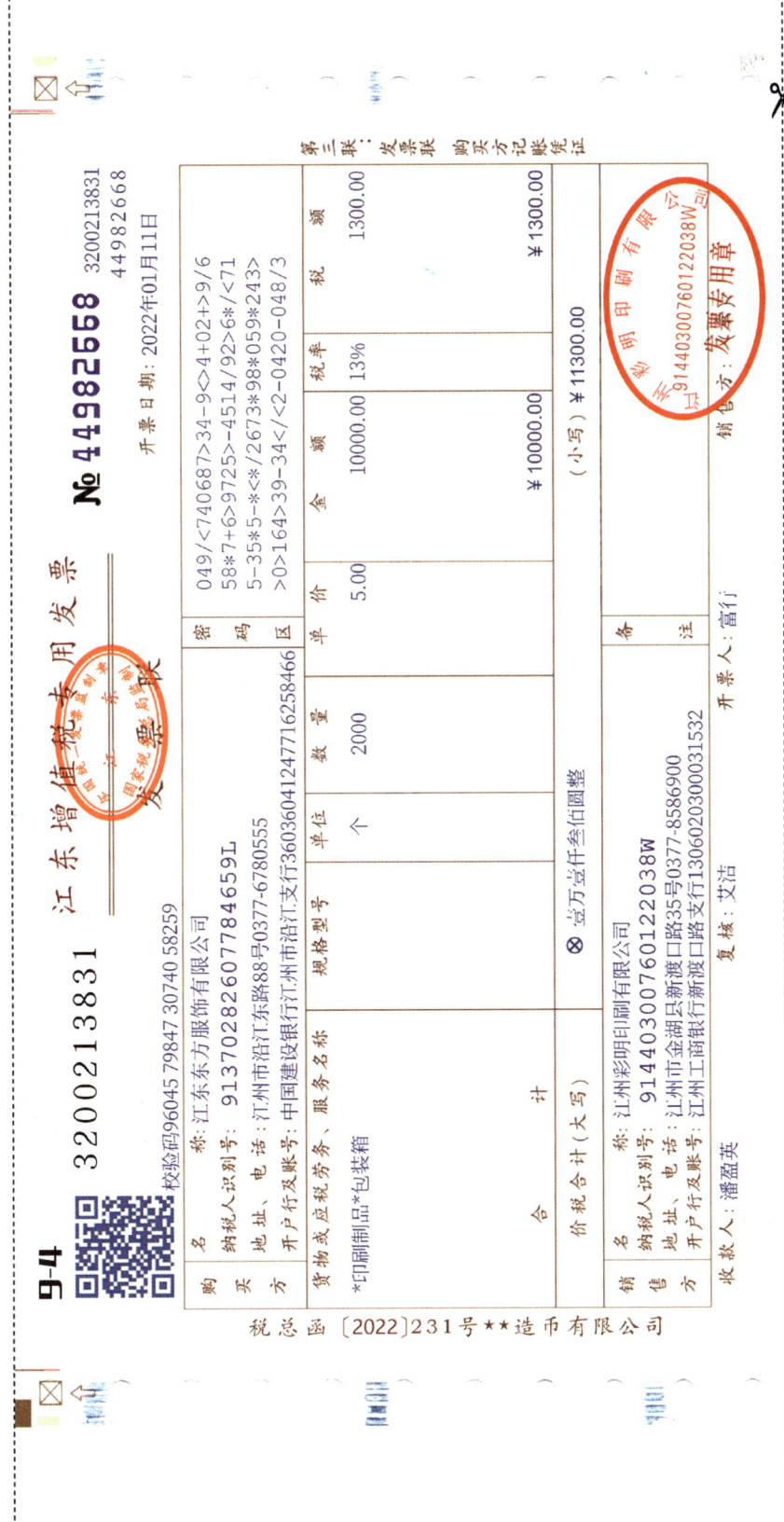

票据簿

9-5

中国建设银行　　中国建设银行单位客户专用回单

币别：人民币　　2022年01月11日　　流水号：3206021450TG775W89

付款人	全称	江东东方服饰有限公司	收款人	全称	江州彩明印刷有限公司
	账号	36036041247716258466		账号	13060203000031532
	开户行	中国建设银行江州市沿江支行		开户行	江州工商银行渐渡口路支行
金额		（大写）人民币壹万壹仟叁佰元整			（小写）¥11,300.00
凭证种类		电汇转账凭证	凭证号码		4583214654517
结算方式		转账	用途		采购包装箱

打印柜员：32066045001
打印机构：江州市沿江支行
打印卡号：23729384928520

交易柜员：320001450D36
交易机构：320001450

打印时间：2022-01-11

（中国建设银行 电子回单专用章）

本回单可通过网点自助设备或建行网站校验真伪

（借方回单）
（付款人回单）

票据簿

ID-1 江东东方服饰有限公司入库单

交来单位：江州喜悦服饰有限公司　　2022 年 01 月 11 日　　№.1601006

商品名称	规格	单位	应收数量	实收数量	单价	金额	备注
男式运动服套装		套	700	700	195.00	136500.00	第三联
女式运动服套装		套	700	700	180.00	126000.00	财务联
合计						262500.00	

部门经理：张静　　会计：方芳　　仓管主管：李浩　　经办人：客俊锋

票据簿

江东增值税专用发票

ID-2

3200190748 No 91327883

3200190748
91327883

开票日期：2022年01月11日

购买方	名　称：江东东方服饰有限公司
	纳税人识别号：91370282607784659L
	地　址、电话：江州市沿江东路88号0377-6780555
	开户行及账号：中国建设银行江州市沿江支行360360412477162584665

密码区：
0>496>0-9876*+68/674</5/37<
>1*-*/-9>/1>1-452-6>8*327148
/9298473428085367>437>17*
3>7*/6*2<-1<*>3*898>9/*4*7/

货物或应税劳务、服务名称	规格型号	单位	数量	单价	金额	税率	税额
*服装*男式运动服套装		套	700	195.00	136500.00	13%	17745.00
*服装*女式运动服套装		套	700	180.00	126000.00	13%	16380.00
合　计					¥262500.00		¥34125.00

价税合计（大写）⊗ 贰拾玖万陆仟陆佰贰拾伍圆整　　（小写）¥296625.00

销售方	名　称：江州吾悦服饰有限公司	备注：吴波
	纳税人识别号：91370556MA112101L	
	地　址、电话：江州市河海东路32号0377-6612345	
	开户行及账号：中国建设银行江州市河海支行360202050000000007745	

收款人：夏妍　　复核：李毅　　开票人：吴波　　销售方：（发票专用章）

税总函〔2022〕567号 ** 造币有限公司

票据簿

江东增值税专用发票

No 91327883

3200190748
91327883

开票日期：2022年01月11日

购买方	名　称：江东东方服饰有限公司 纳税人识别号：913702826077846591 地　址、电　话：江州市沿江东路88号0377-6780555 开户行及账号：中国建设银行江州市沿江支行36036041247716258466

货物或应税劳务、服务名称	规格型号	单位	数量	单价	金额	税率	税额
*服装*男式运动服套装		套	700	195.00	136500.00	13%	17745.00
*服装*女式运动服套装		套	700	180.00	126000.00	13%	16380.00
合　计					¥262500.00		¥34125.00

价税合计（大写）　⊗ 贰拾玖万陆仟陆佰贰拾伍圆整　（小写）¥296625.00

销售方	名　称：江州吾悦服饰有限公司 纳税人识别号：91370556MA112101L 地　址、电　话：江州市河海东路32号0377-6612345 开户行及账号：中国建设银行江州市河海支行3602020500000000007745	备注

收款人：夏妍　　复核：李毅　　开票人：吴波　　销售方：（发票专用章 91370556MA112101L 吾悦服饰有限公司）

税总函〔2022〕567号 ** 造币有限公司

票据簿

11-1

江东东方服饰有限公司入库单

交来单位：江东中胜贸易有限公司　　2022 年 01 月 11 日　　№.1601007

商品名称	规格	单位	应收数量	实收数量	单价	金额	备注
男式运动服套装		套	300	300	208.00	62400.00	第三联
女式运动服套装		套	300	300	185.00	55500.00	财务联
合计						117900.00	

部门经理：张君　　会计：方芳　　仓管主管：李洁　　经办人：邓德锦

票据簿

江东增值税专用发票

No 25066861

开票日期：2022年01月11日

购买方	名称：江东东方服饰有限公司 纳税人识别号：913702826077846591 地址、电话：江州市沿江东路88号0377-6780555 开户行及账号：中国建设银行江州市沿江支行3603604124771625846					密码区	*-6858/7/795>*0<97-2+/<4593 2/-2<83+97-*40-3/<5835-7162 -05>43+<7<2/9<23+32-9+1387* 1<2+-15+/13-*9-</82704>/+**

货物或应税劳务、服务名称	规格型号	单位	数量	单价	金额	税率	税额
*服装*男式运动服套装		套	300	208.00	62400.00	3%	1872.00
*服装*女式运动服套装		套	300	185.00	55500.00	3%	1665.00
合计					¥117900.00		¥3537.00

价税合计（大写） ⊗ 壹拾贰万壹仟肆佰叁拾柒圆整　　　　（小写）¥121437.00

销售方	名称：江东中胜贸易有限公司 纳税人识别号：913704211AL562123S 地址、电话：江州市河海东路21号0377-6177722 开户行及账号：中国建设银行江州市河海支行36011235001410005775	备注：杨红

收款人：张超　　复核：吴迪　　开票人：吴迪

销售方发票专用章：江东中胜贸易有限公司 913704211AL562123S

票据簿

江苏增值税专用发票

No 25066861
3200190712
25066861

开票日期：2022年01月11日

密码区：
```
*-6858/7/795>*0<97-2+/<4593
2/-2<83+97-*40-3/<5835-7162
-05>43+<7<2/9>23+32-9+1387*
1<2+-15+/13-*9-<0/82704>/+*
```

购买方	名称：江东东方服饰有限公司 纳税人识别号：91370282607784659L 地　址、电　话：江州市沿江东路88号 0377-6780555 开户行及账号：中国建设银行江州市沿江支行36036041247716258466					
货物或应税劳务、服务名称	规格型号	单位	数量	单价	金额	税率	税额
*服装*男式运动服套装		套	300	208.00	62400.00	3%	1872.00
*服装*女式运动服套装		套	300	185.00	55500.00	3%	1665.00
合　计					¥117900.00		¥3537.00
价税合计（大写）	⊗ 壹拾贰万壹仟肆佰叁拾柒圆整						（小写）¥121437.00
销售方	名称：江东中胜贸易有限公司 纳税人识别号：913704211AL562123S 地　址、电　话：江州市河海东路21号 0377-6177722 开户行及账号：中国建设银行江州市河海支行36011235001410005775					

收款人：张超　　复核：吴迪　　开票人：杨红　　销售方：（发票专用章 913704211AL562123S 中胜贸易有限公司）

税总函〔2022〕258号 ** 造币有限公司

票据簿

12-1

江东东方服饰有限公司入库单

交来单位：江州凯讯服饰有限公司　　2022 年 01 月 12 日　　№.1601008

商品名称	规格	单位	应收数量	实收数量	单价	金额	备注
男式运动服套装		套	600	600	190.00	114000.00	第三联
女式运动服套装		套	600	600	182.00	109200.00	财务联
合计						223200.00	

部门经理：张静　　会计：方芳　　仓管主管：李洁　　经办人：管俊锦

票据簿

江东增值税专用发票

No 63053624

3200211961
63053624

开票日期：2022年01月12日

密码区	-904-/<4>08<8157<086392>063 04694/9354>632302+>78267807 8*5942-4/+/93-8/3/*63747 8*+9695/*/<*<0463+014<-6*79					

购买方
名　称：江东东方服饰有限公司
纳税人识别号：91370282607784659L
地　址、电　话：江州市沿江东路88号0377-6780555
开户行及账号：中国建设银行江州市沿江支行36036041247716258466

货物或应税劳务、服务名称	规格型号	单位	数量	单价	金额	税率	税额
*服装*男式运动服套装		套	600	190.00	114000.00	13%	14820.00
*服装*女式运动服套装		套	600	182.00	109200.00	13%	14196.00
合　计					¥223200.00		¥29016.00

价税合计（大写）　⊗ 贰拾伍万贰仟贰佰壹拾陆圆整　（小写）¥252216.00

销售方
名　称：江州凯祥服饰有限公司
纳税人识别号：913706008634190G
地　址、电　话：江州市建安一路嘉龙大厦5层03号0377-8575815
开户行及账号：工商银行江州市建安一路支行362120513525821745

备注

收款人：江凯　　复核：江祥　　开票人：车笑笑　　销售方：（发票专用章 91370600863434190G）

税总函〔2022〕869号**造币有限公司

票据簿

江东增值税专用发票

12-3　3200211961　　No 63053624　3200211961
　　　　　　　　　　　　　　　　　　　63053624

开票日期：2022年01月12日

		密码区	
		-904-/<4>08<8157<<08&392>063	
		04694/9354>632302+>78267807	
		8*5942-4/+/93-8/3/*637476/+	
		8*+9695/*/<<0463/014<-6*79	

购买方：
- 名　　称：江东东方服饰有限公司
- 纳税人识别号：91370282607784659L
- 地址、电话：江州市沿江东路88号0377-6780555
- 开户行及账号：中国建设银行江州市沿江支行3603604124771625846

货物或应税劳务、服务名称	规格型号	单位	数量	单价	金额	税率	税额
*服装*男式运动服套装		套	600	190.00	114000.00	13%	14820.00
*服装*女式运动服套装		套	600	182.00	109200.00	13%	14196.00
合　计					¥223200.00		¥29016.00

价税合计（大写）　⊗ 贰拾伍万贰仟贰佰壹拾陆圆整　（小写）¥252216.00

销售方：
- 名　　称：江州凯祥服饰有限公司
- 纳税人识别号：91370600863434190G
- 地址、电话：江州市建安一路嘉龙大厦5层03号0377-8575815
- 开户行及账号：工商银行江州市建安一路支行3621205135258271745

备注：牟笑笑

收款人：江凯　　复核：江祥　　开票人：牟笑笑　　销售方：（发票专用章 91370600863434190G 江州凯祥服饰有限公司）

税总函〔2022〕869号★★造币有限公司

票据簿

13-1

付 款 申 请 单

申请部门：采购部　　2022 年 01 月 12 日填

收款单位	江东中胜贸易有限公司	付款原因	购买运动套装
银行账号	360112350014100057775		
开户行	中国建设银行江州市河海支行		
付款方式	银行转账		
付款截止日			
人民币（大写）	贰拾贰万零仟肆佰柒拾玖元零角零分	¥ 20,479.00	

领导审批 樊勇　　财务主管 方芳　　部门主管 张静　　经办人 周斌

票据簿

13-2

中国建设银行 单位客户专用回单

币别：人民币　　　　　　　2022年01月12日　　　　　　流水号:32060021450TG775S00

付款人	全称	江东东方服饰有限公司	收款人	全称	江东中胜贸易有限公司
	账号	36036041247716258466		账号	36011235001410005775
	开户行	中国建设银行江州市沿江支行		开户行	中国建设银行江州市河海支行
金额	（大写）人民币贰万零肆佰柒拾玖元整				（小写）￥20,479.00
凭证种类	电汇转账凭证		凭证号码	4583 2146 5451	
结算方式	转账		用途	货款	

打印柜员: 3206045001
打印机构: 江州市沿江支行
打印卡号: 23729384928520

（中国建设银行 电子回单专用章）

交易柜员: 320001450D36　　　　　　交易机构: 320001450

打印时间: 2022-01-12

本回单可通过网点自助设备或建行网站校验真伪

（借方回单）
（付款人回单）

票据簿

14-1

中国建设银行 中国建设银行单位客户专用回单

币别：人民币　　　　2022年01月12日　　　　流水号：3206021450TG568C10

付款人	全称	江州武进商贸有限公司	收款人	全称	江东东方服饰有限公司
	账号	36011116858900120066		账号	36036041247716258466
	开户行	中国建设银行江州市中诚支行		开户行	中国建设银行江州市沿江支行
金额	（大写）人民币柒万柒仟肆佰伍拾陆元整				（小写）¥77,456.00
凭证种类	电汇转账凭证		凭证号码		458321456952
结算方式	转账		用途		货款

打印柜员：3206045001
打印机构：江州沿江支行
打印卡号：2372938492852O

打印时间：2022-01-12　　　交易柜员：3200001450　　　交易机构：320001450D36

票据簿

15-1

中国建设银行　中国建设银行单位客户专用回单

转账日期:2022年01月14日　　　　　　　凭证字号:3601023390N0PB2PD4

纳税人全称及纳税人识别号: 江东东方服饰有限公司
91370282607784659L

付款人全称:江东东方服饰有限公司
付款人账号:36036041247716258466
付款人开户银行:中国建设银行江州市沿江支行
小写(合计)金额:￥1,584.00
大写(合计)金额:人民币壹仟伍佰捌拾肆元整

税(费)种名称	所属时期	实缴金额
增值税	2021.10.01-2021.12.31	1,584.00

征收机关名称(委托方):国家税务局江州分局　咨询(投诉)电话:12366
收款国库(银行)名称:国家金库江州市支库
缴款书交易流水号:20220114487499993
税票号码:320201213000027789

交易柜员:320001450D36　　　　　　交易机构:320001450

打印时间:2022-01-14

票据簿

16-1

中国建设银行　中国建设银行单位客户专用回单

转账日期：2022年01月14日　　　凭证字号：3601023390N4PZX2KA

纳税人全称及纳税人识别号：江东东方服饰有限公司　91370282607784659L

付款人全称：江东东方服饰有限公司
付款人账号：36036041247716258466
付款人开户银行：中国建设银行江州市治江支行
小写（合计）金额：￥55.44
大写（合计）金额：人民币伍拾伍元肆角肆分
税（费）种名称　　　所属时期　　　实缴金额
城市维护建设税　　2021.10.01-2021.12.31　　55.44

征收机关名称（委托方）：国家税务局江州分局
收款国库（银行）名称：国家金库江州市支库
缴款书交易流水号：20220114487499994
税票号码：320201213000027953

咨询（投诉）电话：12366

交易机构：320001450
交易柜员：320001450D36

打印时间：2022-01-14

票据簿

17-1

中国建设银行　中国建设银行单位客户专用回单

转账日期:2022年01月14日

凭证号:3601023390N0PB2PB1

纳税人全称及纳税人识别号:江苏东方服饰有限公司 91370282607784659L

付款人全称:江苏东方服饰有限公司	征收机关名称（委托方）:国家税务局江苏分局
付款人账号:36036041247716258466	咨询（投诉）电话:12366
付款人开户银行:中国建设银行江苏州市沿江支行	收款国库（银行）名称:国家金库江苏支库
小写（合计）金额:￥30.70	国库交易流水号:20220114487409995
大写（合计）金额:人民币叁拾元柒角整	缴款书交易号码:3202012130000277892
税（费）种名称	所属时期	实缴金额
印花税	2021.12.01-2021.12.31	30.70

打印时间:2022-01-14　交易柜员:3200001450D36　交易机构:320001450

票据簿

18-1

工资发放表

2021年12月

部门	岗位	姓名	基本工资	津贴	出勤天数	应发工资	应扣个人缴纳保险 养老保险	医疗保险	失业保险	税前合计	个人所得税	实发金额	签字
行政部	总经理	贺勇	5,500.00	0.00	满勤	5,500.00	440.00	110.00	27.50	4,922.50	-	4,922.50	贺勇
	行政经理	李阳	5,000.00	200.00	满勤	5,200.00	416.00	104.00	26.00	4,654.00	-	4,654.00	李阳
	行政人员	徐小贤	4,000.00	0.00	满勤	4,000.00	320.00	80.00	20.00	3,580.00	-	3,580.00	徐小贤
	小计		14,500.00	200.00		14,700.00	1,176.00	294.00	73.50	13,156.50	-	13,156.50	
财务部	会计	方芳	5,000.00	200.00	满勤	5,200.00	416.00	104.00	26.00	4,654.00	-	4,654.00	方芳
	出纳	李晶	4,000.00	0.00	满勤	4,000.00	320.00	80.00	20.00	3,580.00	-	3,580.00	李晶
	小计		9,000.00	200.00		9,200.00	736.00	184.00	46.00	8,234.00	-	8,234.00	
销售部	销售经理	李强平	5,000.00	200.00	满勤	5,200.00	416.00	104.00	26.00	4,654.00	-	4,654.00	李强平
	销售人员	郭莹	3,500.00	0.00	满勤	3,500.00	280.00	70.00	17.50	3,132.50	-	3,132.50	郭莹
	小计		8,500.00	200.00		8,700.00	696.00	174.00	43.50	7,786.50	-	7,786.50	
采购部	采购经理	张静	5,000.00	0.00	满勤	5,000.00	400.00	100.00	25.00	4,475.00	-	4,475.00	张静
	采购人员	周斌	3,500.00	0.00	满勤	3,500.00	280.00	70.00	17.50	3,132.50	-	3,132.50	周斌
	小计		8,500.00	0.00		8,500.00	680.00	170.00	42.50	7,607.50	-	7,607.50	
仓储部	仓库主管	李洁	4,500.00	200.00	满勤	4,700.00	376.00	94.00	23.50	4,206.50	-	4,206.50	李洁
	仓管员	曾德丽	3,500.00	0.00	满勤	3,500.00	280.00	70.00	17.50	3,132.50	-	3,132.50	曾德丽
	小计		8,000.00	200.00		8,200.00	656.00	164.00	41.00	7,339.00	-	7,339.00	
合计			48,500.00	800.00	0.00	49,300.00	3,944.00	986.00	246.50	44,123.50		44,123.50	

票据簿

1B-2

中国建设银行　　中国建设银行单位客户专用回单

币别：人民币　　　　2022年01月15日　　　　流水号：36016354 70N4PZV032

付款人	全称	江东东方服饰有限公司	收款人	全称	个人/单位存款
	账号	36036041247716258466		账号	
	开户行	中国建设银行汀州市沿江支行		开户行	中国建设银行汀州市沿江支行
金额		（大写）人民币肆万肆仟壹佰贰拾叁元伍角整			（小写）¥44,123.50
凭证种类		电汇转账凭证	凭证号码		
结算方式		转账	用途		发放12月份工资

打印柜员：360102339001
打印机构：汀州市沿江支行
打印卡号：6232512070028072

打印时间：2022-01-15　　　交易柜员：320001450D36　　　交易机构：320001450

（借方回单）（付款人回单）

本回单可通过网点自助设备或建行网站校验真伪

中国建设银行 电子回单专用章

票据簿

19-1 江州市社会保险费征缴通知单

参保单位编号：123690　　　缴费期：202201　　　保费所属期：202112　　　NO: 30048368　　　单位：元

参保单位名称：	江东东方服饰有限公司			缴拨方式：		
应申报工资缴费	49,300.00	缴费基数	49,300.00	缴费人数	11	
缴费项目	单位缴纳	个人缴纳	缴纳项目	单位缴纳	个人缴纳	
基本养老保险费	7,888.00	3,944.00	失业保险费	246.50	246.50	
基本医疗保险费	3,451.00	986.00	工伤保险费	172.55	—	
补充医疗保险费	271.15	—	生育保险费	394.40	—	
公务员医疗补助						
征缴额：	⊗壹万柒仟陆佰零壹角整			合计：	¥17,600.10	

经办人：王　波　　　经办时间：2022-01-20　　　打印人：王蓝　　　社会保险基金管理中心

备注：此申据有效期一个月，过期作废。

票据簿

19-2

中国建设银行 中国建设银行单位客户专用回单

转账日期：2022年01月20日　　　　　　　　　　　凭证字号：3601023390N4PZXKKA

纳税人全称及纳税人识别号：江东东方服饰有限公司　91370282607784659L

付款人全称：江东东方服饰有限公司
付款人账号：36036041247716258466
付款人开户银行：中国建设银行江州市沿江支行
小写（合计）金额：¥17,600.10
大写（合计）金额：人民币壹万柒仟陆佰零壹角整

征收机关名称（委托方）：国家税务局江州分局　咨询（投诉）电话：12366
收款国库（银行）名称：国家金库江州市支库
缴款书交易流水号：20201213487499993
税票号码：3202012130000277952

税（费）种名称	所属时期	实缴金额
养老保险费	2021.12.01-2021.12.31	11,832.00
医疗保险费	2021.12.01-2021.12.31	4,708.15
失业保险费	2021.12.01-2021.12.31	493.00
工伤保险费	2021.12.01-2021.12.31	172.55
生育保险费	2021.12.01-2021.12.31	394.40

（中国建设银行 电子回单专用章）

打印时间：2022-01-20　　交易柜员：320001450D36　　交易机构：320001450

票据簿

20-1 江东东方服饰有限公司 销售单（代合同） №.8101008

日期：2022年01月22日

客户名称：江州恒隆贸易有限公司　　　　纳税人识别号：91370120A198HK931E

地址电话：江州市新城开发区B区28号0377-8686800　　开户行及账号：中国建设银行江州市新城支行 3605896695890056556

编码	产品名称	规格	单位	数量	单价	金额	备注
140501	男式运动服套装		套	800	271.20	216960.00	
140502	女式运动服套装		套	800	226.00	180800.00	
合计	人民币（大写）：叁拾玖万柒仟柒佰陆拾元整					¥397760.00	

地址：江州市沿江东路88号　　　　　　　　电话：0377-6780555

复核人：李强平　　　经办人：方芳　　　签收人：贾珍

票据簿

2D-2

江东东方服饰有限公司出库单

交来单位：汇州浜隆贸易有限公司　　2022 年 01 月 22 日　　No. 1405010

商品名称	规格	单位	应发数量	实发数量	单价	金额	备注
男式运动服套装		套	800	800			第三联
女式运动服套装		套	800	800			财务联
合计							

部门经理：李强平　　会计：方方　　仓管主管：方方　　经办人：客德锋

票据簿

江东增值税专用发票

No 55879231

3200190710
55879231

开票日期:2022年01月22日

购买方	名　　称:	江州恒隆贸易有限公司				
	纳税人识别号:	91370120A198HK931E				
	地　址、电　话:	江州市新城开发区B区28号0377-8686800				
	开户行及账号:	中国建设银行江州市新城支行36058969589005655466				

密码区: *10294/2/43*23>6-83-*29258<
3575048/-29265<64579832359<
<7>596-<>8520>2*-24*4676+8<
89*3/<3<>489-4/7/>0->878-<4

货物或应税劳务、服务名称	规格型号	单位	数量	单价	金额	税率	税额
*服装*男式运动服套装		套	800	240.00	192000.00	13%	24960.00
*服装*女式运动服套装		套	800	200.00	160000.00	13%	20800.00
合　计					¥352000.00		¥45760.00

价税合计(大写) ⊗叁拾玖万柒仟柒佰陆拾圆整 　(小写)¥397760.00

销售方	名　　称:	江东东方服饰有限公司	备注
	纳税人识别号:	91370282607784659L	
	地　址、电　话:	江州市沿江东路88号0377-6780555	
	开户行及账号:	中国建设银行江州市沿江支行3603604124771625846	

收款人:李晶　　复核:李品　　开票人:方方　　销售方:(章)

税总函〔2022〕210号**造币有限公司

票据簿

21-1

江东东方服饰有限公司
销售单（代合同）

No. 8101009

日期：2022年01月25日

客户名称：江州天明贸易有限公司　　　纳税人识别号：914403000954448376J

地址电话：江州中心路太古城0377-8220068　　开户行及账号：中国工商银行太古支行362121277330190699

编码	产品名称	规格	单位	数量	单价	金额	备注
140501	男式运动服套装		套	200	271.20	54240.00	第三联
140502	女式运动服套装		套	200	226.00	45200.00	财务联
合计	人民币（大写）：玖万玖仟肆佰肆拾元整					￥99440.00	

地址：江州市沿江东路88号　　　　　电话：0377-6780555

复核人：李强平　　　经办人：方芳　　　签收人：李武

票据簿

21-2

江东东方服饰有限公司出库单

交来单位：江州天明贸易有限公司　　2022 年 01 月 25 日　　№ 1405011

商品名称	规格	单位	应发数量	实发数量	单价	金额	备注
男式运动服套装		套	200	200			第三联
女式运动服套装		套	200	200			财务联
合计							

部门经理：李强平　　会计：方芳　　仓管主管：方芳　　经办人：管德锦

票据簿

江东增值税专用发票

No 55879232

3200190710
55879232

开票日期：2022年01月25日

密码区：
7582463>><51+<5+<5+6957+42>
*<127/3>8/7932756319618<7>
3>7+30*/720-<43+379+62/-539
63<097*40+602718+10-/3+<6-5

购买方	名　称：江州天明贸易有限公司
	纳税人识别号：91440300095448376J
	地　址、电　话：江州中心路大占城0377-8220068
	开户行及账号：中国工商银行太古支行3621212773301990699

货物或应税劳务、服务名称	规格型号	单位	数量	单价	金额	税率	税额
*服装*男式运动服套装		套	200	240.00	48000.00	13%	6240.00
*服装*女式运动服套装		套	200	200.00	40000.00	13%	5200.00
合　计					¥88000.00		¥11440.00

价税合计（大写）　⊗玖万玖仟肆佰肆拾圆整　（小写）¥99440.00

销售方	名　称：江东东方服饰有限公司
	纳税人识别号：91370282607784659L
	地　址、电　话：江州市沿江东路88号0377-6780555
	开户行及账号：中国建设银行江州市沿江支行36036041247716258466

收款人：李晶　　复核：　　开票人：方芳　　销售方：（章）

税总函〔2022〕210号　**造币有限公司

票据簿

22-1

江东东方服饰有限公司
销售单（代合同）

No. 8101010

日期：2022年01月26日

客户名称：江州浩泰贸易有限公司　　　　纳税人识别号：913701361117LF721G

地址电话：江州市经济开发区D区17号 0377-8689636　　开户行及账号：中国建设银行江州市经济开发区支行 3605667595892239

编码	产品名称	规格	单位	数量	单价	金额	备注
140501	男式运动服套装		套	400	271.20	108480.00	第三联
140502	女式运动服套装		套	400	226.00	90400.00	财务联
合计	人民币（大写）：壹拾玖万捌仟捌佰捌拾元整					￥198880.00	

地址：江州市沿江东路88号　　　　电话：0377-6780555

复核人：李强平　　　经办人：方芳　　　签收人：汪飞

票据簿

22-2 江东东方服饰有限公司出库单

交来单位：江州港泰贸易有限公司　　2022 年 01 月 26 日　　№.1405012

商品名称	规格	单位	应发数量	实发数量	单价	金额	备注
男式运动服套装		套	400	400			
女式运动服套装		套	400	400			
合计			800	800			

部门经理：李强平　　会计：方方　　仓管主管：方方　　经办人：管德锋

第三联　财务联

票据簿

江东增值税普通发票

发票代码: 032002007106
发票号码: 85794652
开票日期: 2022年01月26日

购买方:
- 名称: 江州浩泰贸易有限公司
- 纳税人识别号: 91370136117LF721G
- 地址、电话: 江州市经济开发区D区17号0377-8689636
- 开户行及账号: 中国建设银行江州市经济开发区支行 3605667595892239

货物或应税劳务、服务名称	规格型号	单位	数量	单价	金额	税率	税额
*服装*男式运动服套装		套	400	240.00	96000.00	13%	12480.00
*服装*女式运动服套装		套	400	200.00	80000.00	13%	10400.00
合　计					¥176000.00		¥22880.00

价税合计（大写）： 壹拾玖万捌仟捌佰捌拾圆整　（小写）¥198880.00

销售方:
- 名称: 江东东方服饰有限公司
- 纳税人识别号: 91370282607784659L
- 地址、电话: 江州市沿江东路88号0377-6780555
- 开户行及账号: 中国建设银行江支行江州市沿江支行360360412477162584664

收款人: 李晶　　复核: 李晶　　开票人: 方芳　　销售方: （章）

税总函 [2022] 010号 ** 造币有限公司

票据簿

23-1

江东东方服饰有限公司

销售单（代合同）

№. 8101011

日期：2022年01月26日

客户名称：江州四海贸易有限公司　　纳税人识别号：91440300095124005A

地址电话：江州铜都大道79号0377-8220068　　开户行及账号：中国工商银行铜都支行362121277330200106

编码	产品名称	规格	单位	数量	单价	金额	备注
140501	男式运动服套装		套	50	271.20	13560.00	
140502	女式运动服套装		套	50	226.00	11300.00	
合计	人民币（大写）：贰万肆仟捌佰陆拾元整					￥24860.00	
地址：江州市沿江东路88号				电话：0377-6780555			

第三联 财务联

复核人：李强平　　经办人：方芳　　签收人：王浩

票据簿

23-2

江东东方服饰有限公司出库单

交来单位：泛州四海贸易有限公司　　2022 年 01 月 26 日　　№.1405013

商品名称	规格	单位	应发数量	实发数量	单价	金额	备注
男式运动服底装		底	50	50			第三联
女式运动服底装		底	50	50			
							财务联
合计							

部门经理：李强平　　会计：方芳　　仓管主管：方芳　　经办人：客俊锦

票据簿

江东增值税专用发票

No 55879233
3200190710
55879233

开票日期：2022年01月26日

密码区：
04/*7*-*7*21863+/132610>0*5
<6+3>42>354+*031*1580>-1/+/
9/4*><*<<2<745-57>+80+9<+19
63>*5/+5/-<3>*39<8/*4247385

购买方	名　称：江州闪海贸易有限公司
	纳税人识别号：914403000951240005A
	地　址、电　话：江州铜都大道78号0377-8220068
	开户行及账号：中国工商银行铜都支行3621212773302000106

货物或应税劳务、服务名称	规格型号	单位	数量	单价	金额	税率	税额
*服装*男式运动服套装		套	50	240.00	12000.00	13%	1560.00
*服装*女式运动服套装		套	50	200.00	10000.00	13%	1300.00
合　计					￥22000.00		￥2860.00

价税合计（大写）　⊗ 贰万肆仟捌佰陆拾圆整　　　（小写）￥24860.00

销售方	名　称：江东东方服饰有限公司
	纳税人识别号：91370282607784659L
	地　址、电　话：江州市沿江江东路88号0377-6780555
	开户行及账号：中国建设银行江州市沿江支行3603604124771625846

备注：

收款人：李晶　　复核：李品　　开票人：方芳　　销售方：（章）

税总函〔2022〕210号　＊＊造币有限公司

票 据 簿

24-1

付 款 申 请 单

申请部门：销售部　　　　2022 年 01 月 26 日填

收款单位	江州平安物流有限公司	付款原因	付运费
银行账号	3605452368520000258l		
开户行	中国建设银行江州市建设支行		
付款方式	银行转账		
付款截止日			
人民币（大写）	ⓧ佰ⓧ拾万壹仟贰佰零拾零元零角零分	¥ 1,200.00	

领导审批：徐勇　　财务主管：方方　　部门主管：李强　　经办人：郭爱

票据簿

江东增值税专用发票

发票代码: 3200170021
发票号码: 17920422
开票日期: 2022年01月26日

密码区:
+2<5289-6<>/341-+741<*07+28
-59*<7+40-578-<12>6-8>519+4
<*75>+392-4/<896*><781<585
<3*1/464>3063/5098-456>5>1-

购买方
- 名称: 江东东方服饰有限公司
- 纳税人识别号: 91370282607784659L
- 地址、电话: 江州市沿江东路88号 0377-6780555
- 开户行及账号: 中国建设银行江州市沿江支行 36036041247716258466

货物或应税劳务、服务名称	规格型号	单位	数量	单价	金额	税率	税额
*运输服务*运费			1	1100.92	1100.92	9%	99.08
合计					¥1100.92		¥99.08

价税合计(大写): ⊗壹仟贰佰圆整　　(小写) ¥1200.00

销售方
- 名称: 江州平安物流有限公司
- 纳税人识别号: 913704218096524 76M
- 地址、电话: 江州市建设东路29号 0377-6181815
- 开户行及账号: 中国建设银行江州市建设支行 36054523685200002581

备注:
- 起运地: 江州市沿江东路88号
- 到达地: 江州市华强北大厦
- 车牌号: JTD-35220 运输货物: 服装

收款人: 李华　　复核: 江巩　　开票人: 陈奇　　销售方(章)

税总函〔2022〕111号 ＊＊造币有限公司

票据簿

江东增值税专用发票

No 17920422
3200170021
17920422

开票日期：2022年01月26日

密码区：
+2<5289-6<>/341-+741<*07+28
-59*<7+40-578-<12>6-8>519+4
<*75>+392-4/<896*><781<585
<3*1/464>3063/5098-456>5 1-

购买方	名　称：江东东方服饰有限公司
	纳税人识别号：91370282607784659L
	地　址、电　话：江州市沿江东路88号 0377-6780555
	开户行及账号：中国建设银行江州市沿江支行 360360412477162584 66

货物或应税劳务、服务名称	规格型号	单位	数量	单价	金额	税率	税额
*运输服务*运费			1	1100.92	1100.92	9%	99.08
合　计					￥1100.92		￥99.08

价税合计（大写）　⊗ 壹仟贰佰圆整　（小写）￥1200.00

销售方	名　称：江州平安物流有限公司
	纳税人识别号：91370421809652476M
	地　址、电　话：江州市建设东路29号 0377-6181815
	开户行及账号：中国建设银行江州市建设支行 360545236852000025 81

备注：起运地：江州市沿江东路88号　到达地：江州市华强北大厦
车牌号：冀D-35220　运输物品：服装

收款人：李华　复核：江楠　开票人：陈奇　销售方：（章）

税总函〔2022〕111号 ** 造币有限公司

票据簿

Z4-4

中国建设银行　中国建设银行单位客户专用回单

币别：人民币　　　　　2022年01月26日　　　　　流水号：320602145OTG7468QW

付款人	全称	江东东方服饰有限公司	收款人	全称	江州平安物流有限公司
	账号	36036041247716258466		账号	36054523685200002581
	开户行	中国建设银行江州市沿江支行		开户行	中国建设银行江州市建设支行
金额		（大写）人民币壹仟贰佰元整			（小写）¥1,200.00
凭证种类		电汇转账凭证	凭证号码		45832145 6952
结算方式		转账	用途		支付运费

打印柜员：32066045001
打印机构：江州市沿江支行
打印卡号：23729384928520

交易柜员：320001450D36　　　交易机构：320001450

打印时间：2022-01-26

票据簿

25-1

中国建设银行　　中国建设银行单位客户专用回单

币别：人民币　　2022年01月26日　　流水号：320602145OA65YHM01

付款人	全　称	江州大明贸易有限公司	收款人	全　称	江东东方服饰有限公司
	账　号	36212773301906 99		账　号	3603604124771625 8466
	开户行	中国工商银行太古支行		开户行	中国建设银行江州市沿江支行
金　额	（大写）人民币玖万玖仟肆佰肆拾元整				（小写）¥99,440.00
凭证种类	电汇转账凭证		凭证号码		5263350 0124
结算方式	转账		用　途		货款

打印柜员：32066045001
打印机构：江州市沿江支行
打印卡号：3205025906655518

中国建设银行
电子回单
专用章

交易柜员：320001450D36　　交易机构：320001450

打印时间：2022-01-26

票据簿

26-1

付 款 申 请 单

申请部门：采购部　　　　　　2022 年 01 月 26 日填

收 款 单 位	江州凯祥服饰有限公司	付款原因	购买运动鞋装
银 行 账 号	3621220513525821745		
开 户 行	工商银行江州市建安一路支行		
付 款 方 式	银行转账		
付款截止日			
人民币（大写）	贰拾万零仟零佰零拾零元零角零分		¥ 20,000.00

领导审批 徐勇　　财务主管 方芳　　部门主管 张静　　经办人 周斌

票据簿

26-2

中国建设银行　中国建设银行单位客户专用回单

币别：人民币　　　　　　2022年01月26日　　　　　　流水号:3206021450TG775H11

付款人	全称	江东东方服饰有限公司	收款人	全称	江州凯祥服饰有限公司
	账号	36036041247716258466		账号	36212051352582174
	开户行	中国建设银行江州市沿江支行		开户行	工商银行江州市建安一路支行
金额	（大写）人民币贰万元整				（小写）¥20,000.00
凭证种类	电汇转账凭证		凭证号码	4583214654511	
结算方式	转账		用途	转款	

打印柜员：3206604500 1
打印机构：江州市沿江支行
打印卡号：23729384928520

（借方回单）　（付款人回单）

[电子回单专用章 中国建设银行]

交易柜员：320001450D36　　交易机构：320001450

打印时间：2022-01-26

本回单可通过网点自助设备或建行网站校验真伪

票据簿

27-1

中国建设银行单位客户专用回单

币别：人民币　　2022年01月26日　　流水号：32462I354K22I1IE12

户名：	江东东方服饰有限公司	账号：360360412477I625846 6	
项目名称	工本费/手续费/电子汇划费		金额
手续费	15.00		¥15.00
合计金额	（大写）人民币壹拾伍元整		¥15.00

付款方式：转账
业务类型：企业网银结算费

打印柜员：32066045001
打印机构：中国建设银行江州市滨江支行
打印卡号：32050259066650018

打印时间：2022-01-26　　交易柜员：320001450D36　　交易机构：320001442

票据簿

28-1

付 款 申 请 单

申请部门：行政部　　　　　2022 年 01 月 27 日填

收款单位	江州市尚泉水务有限公司
银行账号	360060416771625 7836
开户行	中国建设银行江州市沿江支行
付款方式	银行转账
付款截止日	
人民币（大写）	⊗佰⊗拾⊗万⊗仟壹佰贰拾陆元玖角捌分	付款原因	水费

领导审批　傅勇　　财务主管　方芳　　部门主管　李阳　　经办人　徐小燕

¥ 126.98

票据簿

江东增值税专用发票

第二联 抵扣联 购买方抵扣凭证

No 42338783
3200170120
42338783

开票日期：2022年01月27日

购买方	名　称：江东东方服饰有限公司
	纳税人识别号：91370282607784659L
	地　址、电　话：江州市沿江东路88号 0377-6780555
	开户行及账号：中国建设银行江州市沿江支行3603604124771625846

密码区：
049/<740687>34-9<>4+02+>9/6
58*7+6>9725>-4514/92>6*/<71
5-35*5-<*<*/2673*98*059*243>
>0>164>39-34</<2-0420-048/3

货物或应税劳务、服务名称	规格型号	单位	数量	单价	金额	税率	税额
*水冰雪*自来水		吨	22	5.2954	116.50	9%	10.48
合　计					¥116.50		¥10.48

价税合计（大写）　⊗ 壹佰贰拾陆圆玖角捌分　　（小写）¥126.98

销售方	名　称：江州市尚农水务有限公司
	纳税人识别号：913702001359021206
	地　址、电　话：江州市沿江西路52号 0377-8688775
	开户行及账号：中国建设银行江州市沿江支行3600604167771625836

备注：张磊

收款人：王欣　　复核：王欣　　开票人：张磊

销售方（章）：江州市尚农水务有限公司 913702001359021206E 发票专用章

税总函〔2022〕619号 ** 造币有限公司

票据簿

江东增值税专用发票

2B-3 3200170120

校验码 96045 79847 30740 58259

No 42338783

3200170120
42338783

开票日期：2022年01月27日

购买方	名　称：江东东方服饰有限公司 纳税人识别号：91370282607784659L 地　址、电　话：江州市沿江东路88号0377-6780555 开户行及账号：中国建设银行江州市沿江支行36036041247716258466	密码区	049/<740687>34-9<>4+02+>9/6 58*7+6>9725>-4514/92>6*/<71 5-35*5-*<<*/2673*98*059*243> >0>164>39-34</<2-0420-048/3

货物或应税劳务、服务名称	规格型号	单位	数量	单价	金额	税率	税额
*水水雪*白米水		吨	22	5.2954	116.50	9%	10.48
合　计					¥116.50		¥10.48

价税合计（大写）　⊗ 壹佰贰拾陆圆玖角捌分　（小写）¥126.98

销售方	名　称：江州市尚农水务有限公司 纳税人识别号：91370200135902120E 地　址、电　话：江州市许江上西路52号0377-8688775 开户行及账号：中国建设银行江州市沿江支行36006041677716257836	备注	(发票专用章 91370200135902120E)

收款人：王欣　复核：王欣　开票人：张磊　销售方：

税总函〔2022〕619号　**造币有限公司

票据簿

ZB-4 中国建设银行 中国建设银行单位客户专用回单

币别：人民币 2022年01月27日 流水号：32085489117TG775W01

付款人	全称	江东东方服饰有限公司	收款人	全称	江州市尚农水务有限公司
	账号	36036041247716258466		账号	36006041677162578336
	开户行	中国建设银行江州市沿江支行		开户行	中国建设银行江州市沿江支行
金额	（大写）人民币壹仟贰佰陆拾陆元玖角捌分				（小写）￥126.98
凭证种类	电汇转账凭证		凭证号码		45832146451
结算方式	转账		用途		水费

打印柜员：32066045001
打印机构：江州市沿江支行
打印卡号：23729384928520

交易柜员：320001450D36 交易机构：320001450

打印时间：2022-01-27

本回单可通过网点自助设备或建行网站校验真伪

票据簿

29-1

付 款 申 请 单

申请部门：行政部　　　　　2022 年 01 月 27 日填

收款单位	国网江州电力有限公司	付款原因	电费
银行账号	36001111677162000000		
开 户 行	中国建设银行江州市沿江支行		
付款方式	银行转账		
付款截止日			
人民币（大写）	⊗佰⊗拾⊗万壹仟柒佰柒拾元叁角叁分	¥ 1,776.33	

领导审批　赖勇　　财务主管　方芳　　部门主管　李阳　　经办人　徐小凤

票据簿

江东增值税专用发票

No 00755488
3200170120
00756488

开票日期：2022年01月27日

校验码96045 79847 30740 58259

购买方	名 称：江东东方服饰有限公司
	纳税人识别号：91370282607784659L
	地 址、电 话：江州市沿江东路88号0377-6780555
	开户行及账号：中国建设银行江州市沿江支行3603604124771625846

密码区：
04<53<>8+17375/620<*/061+-5
607>*0-31645+-90>8<8*8264>3
<-01/691*-3480-038<+35-<621
41*90<102-2<3>0216<3712-343

货物或应税劳务、服务名称	规格型号	单位	数量	单价	金额	税率	税额
*供电*电力		千瓦时	1150	0.905217	1041.00	13%	135.33
合 计					¥1041.00		¥135.33

价税合计（大写） ⊗ 壹仟壹佰柒拾陆圆叁角叁分   （小写）¥1176.33

销售方	名 称：国网江州电力有限公司
	纳税人识别号：91370214667273100H
	地 址、电 话：江州市沿江东路80号0377-6999111
	开户行及账号：中国建设银行江州市沿江支行36001111677162000000

备注：

收款人：陈菲   复核：陈菲   开票人：谭燕   销售方：（发票专用章 91370214667273100H 江州电力有限公司）

税总函〔2022〕666号 ** 造币有限公司

票据簿

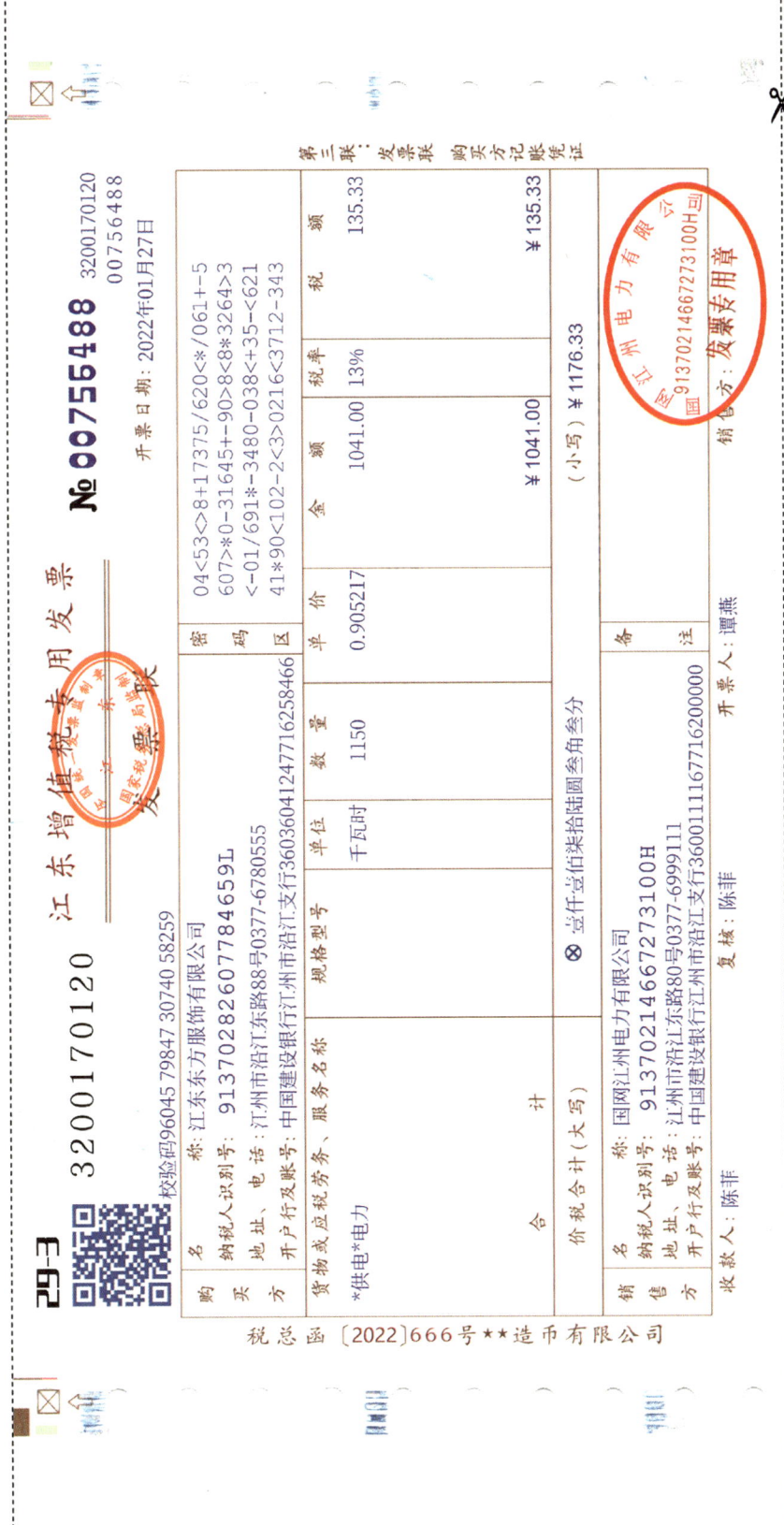

票据簿

2-4

中国建设银行　　中国建设银行单位客户专用回单

币别：人民币　　2022年01月27日　　流水号：36010233903478S6W8

付款人	全　称	江东东方服饰有限公司	收款人	全　称	国网汀州电力有限公司
	账　号	36036041247716258466		账　号	36001116771620000
	开户行	中国建设银行汀州市沿江支行		开户行	中国建设银行汀州市沿江支行
金　额	（大写）人民币壹仟壹佰柒拾陆元叁角叁分				（小写）¥1,176.33
凭证种类	电子转账凭证		凭证号码		1032235648
结算方式	转账		用　途		电费

打印柜员：3206045001
打印机构：汀州市沿江支行
打印卡号：23729384928520

（借方回单）
（付款人回单）

本回单可通过网点自助设备或建行网站校验真伪

电子回单专用章
中国建设银行

交易柜员：32000145OD36　　交易机构：320001450

打印时间：2022-01-27

票据簿

30-1

付 款 申 请 单

申请部门：财务部　　　　　2022 年 01 月 28 日填

收款单位	江未金蝶科技有限公司	付款原因	购买财务软件
银行账号	13064478521456887		
开户行	中国建设银行金蝶支行		
付款方式	银行转账		
付款截止日			
人民币（大写）	⊗佰⊗拾⊗万叁仟叁佰玖拾零元零角零分	￥3,390.00	

领导审批　傅勇　　财务主管　方芳　　部门主管　方芳　　经办人　方芳

票据簿

江东增值税专用发票

3D-2　3200105683

No. 44455788
3200105683
44456788

开票日期：2022年01月28日

购买方	名　称：江东东方服饰有限公司
	纳税人识别号：91370282607784659L
	地　址、电　话：江州市沿江东路88号0377-6780555
	开户行及账号：中国建设银行江州市沿江支行36036041247716258466

密码区：
-5-7412/1>5*3*80314>05+/2*4
313-*1/3<049<82037562718305
3-493635>+>0/1><897+6735+3<
/*8<5-4<8/5<6/*<2>3-6>+6>18

校验码 96045 79847 30740 58259

货物或应税劳务、服务名称	规格型号	单位	数量	单价	金额	税率	税额
*软件*财务软件		套	1	3000	3000.00	13%	390.00
合　计					¥3000.00		¥390.00

价税合计（大写）　⊗叁仟叁佰玖拾圆整　　（小写）¥3390.00

销售方	名　称：江东金蝴科技有限公司
	纳税人识别号：9141326132847564J
	地　址、电　话：江东省金蝴市金蝴大厦0375-8585858
	开户行及账号：中国建设银行金蝴支行金蝴13064478521456878

备注：金鑫

收款人：金蝴　　复核：金大仁　　开票人：金鑫

税总函〔2022〕221号 ★★造币有限公司

票据簿

江东增值税专用发票

第三联：发票联、购买方记账凭证

3D-3 3200105683

№ 44456788

3200105683
44456788

开票日期：2022年01月28日

购买方	名　称：江东东方服饰有限公司 纳税人识别号：91370282607784659L 地　址、电　话：江州市沿江东路88号0377-6780555 开户行及账号：中国建设银行江州市沿江支行3603604124771625846	密码区	-5-7412/1>5*3*80314>05+/2*4 313-*1/3*049<82037562718305 3-493635>+>0/1<897+6735+3< /*8<5-4<8/5<6/<<2>3-6>+6>18

货物或应税劳务、服务名称	规格型号	单位	数量	单价	金额	税率	税额
*软件*财务软件		套	1	3000	3000.00	13%	390.00
合　计					￥3000.00		￥390.00

价税合计（大写）⊗ 叁仟叁佰玖拾圆整　　（小写）￥3390.00

销售方	名　称：江东金蝴科技有限公司 纳税人识别号：91413261328475645J 地　址、电　话：江东省金蝴市金蝴大厦0375-8585858 开户行及账号：中国建设银行金蝴支行1306447852145687	备注	

收款人：金蝴　　复核：金大仁　　开票人：金鑫　　销售方：（发票专用章 91413261328475645J）

税总函〔2022〕221号 ＊＊造币有限公司

票据簿

3D-4 中国建设银行单位客户专用回单

中国建设银行 China Construction Bank

币别：人民币　　　　2022年01月28日　　　　流水号：3601023390347850X1

付款人	全称	江东东方服饰有限公司
	账号	36036041247716258466
	开户行	中国建设银行汀州市沿汀支行

收款人	全称	江东金蝴科技有限公司
	账号	13064478521456875
	开户行	中国建设银行金蝴支行

金额：（大写）人民币叁仟叁佰玖拾元整　　（小写）¥3,390.00

凭证种类：电子转账凭证　　凭证号码：103223878855

结算方式：转账　　用途：购财务软件

（借方回单）
（付款人回单）

本回单可通过网点自助设备或建行网站校验真伪

打印柜员：3206045001
打印机构：汀州市沿汀支行
打印卡号：2372938492852O

交易柜员：320001450D36　　交易机构：320001450

打印时间：2022-01-28

票据簿

引-1

销售成本计算表

年　月　日

单位：元

商品名称	期初库存			本期购入			加权平均单位成本	本期销售			期末库存		
	数量	单价	金额	数量	单价	金额		数量	单价	金额	数量	单价	金额
男式运动服套装													
女式运动服套装													
合计													

制单：

票据簿

工资计提表
2022年1月

部门	应发工资	应扣个人缴纳保险			住房公积金 8%	税前合计	个人所得税	实发金额
		养老保险 8%	医疗保险 2%	失业保险 0.5%				
行政部	19,400.00	1,552.00	388.00	97.00	1,552.00	15,811.00	20.49	15,790.51
财务部	11,200.00	896.00	224.00	56.00	896.00	9,128.00	—	9,128.00
销售部	10,700.00	856.00	214.00	53.50	856.00	8,720.50	—	8,720.50
采购部	10,700.00	856.00	214.00	53.50	856.00	8,720.50	—	8,720.50
仓储部	10,200.00	816.00	204.00	51.00	816.00	8,313.00	—	8,313.00
合计	62,200.00	4,976.00	1,244.00	311.00	4,976.00	50,693.00	20.49	50,672.51

票据簿

习-1

社保计算表
2022年1月

部门	工资合计	企业							个人					合计					
		养老保险 16%	基本医疗保险 7%	补充医疗保险 0.55%	失业保险 0.5%	工伤保险 0.35%	生育保险 0.8%	小计	养老保险 8%	医疗保险 2%	失业保险 0.5%	小计	养老保险	医疗保险	失业保险	工伤保险	生育保险	合计
行政部	19,400.00	3,104.00	1,358.00	106.70	97.00	67.90	155.20	4,888.80	1,552.00	388.00	97.00	2,037.00	4,656.00	1,852.70	194.00	67.90	155.20	6,925.80
财务部	11,200.00	1,792.00	784.00	61.60	56.00	39.20	89.60	2,822.40	896.00	224.00	56.00	1,176.00	2,688.00	1,069.60	112.00	39.20	89.60	3,998.40
销售部	10,700.00	1,712.00	749.00	58.85	53.50	37.45	85.60	2,696.40	856.00	214.00	53.50	1,123.50	2,568.00	1,021.85	107.00	37.45	85.60	3,819.90
采购部	10,700.00	1,712.00	749.00	58.85	53.50	37.45	85.60	2,696.40	856.00	214.00	53.50	1,123.50	2,568.00	1,021.85	107.00	37.45	85.60	3,819.90
仓储部	10,200.00	1,632.00	714.00	56.10	51.00	35.70	81.60	2,570.10	816.00	201.00	51.00	1,071.00	2,448.00	974.10	102.00	35.70	81.60	3,641.10
合计	62,200.00	9,952.00	4,354.00	342.10	311.00	217.70	497.60	15,674.40	4,976.00	1,244.00	311.00	6,531.00	14,928.00	5,940.10	622.00	217.70	497.60	22,205.40

票据簿

习-2

公积金计算表

2022年1月

部门	工资合计	单位缴纳公积金8%	个人缴纳公积金8%	合计
行政部	19,400.00	1,552.00	1,552.00	3,104.00
财务部	11,200.00	896.00	896.00	1,792.00
销售部	10,700.00	856.00	856.00	1,712.00
采购部	10,700.00	856.00	856.00	1,712.00
仓储部	10,200.00	816.00	816.00	1,632.00
合计	62,200.00	4,976.00	4,976.00	9,952.00

票据簿

固定资产折旧计算表

2022年1月31日

34-1

使用部门	类别	名称	入账日期	原值	预计净残值率	预计净残值	预计使用年限	年折旧额	月折旧额	累计折旧
行政部	家具工具器具	办公桌椅	2021-10	2,472.00	5%	123.60	5	469.68	39.14	117.42
	家具工具器具	文件柜	2021-10	576.80	5%	28.84	5	109.59	9.13	27.39
	电子设备	电脑	2021-10	14,238.00	5%	711.90	3	4,508.70	375.73	1,127.19
	电子设备	打印机	2021-10	2,260.00	5%	113.00	3	715.67	59.64	178.92
财务部	家具工具器具	保险柜	2021-10	1,236.00	5%	61.80	5	234.84	19.57	58.71
合 计				20,782.80		1,039.14		6,038.48	503.21	1,509.63

制单：方芳

票据簿

J5-1

无形资产摊销表

所属期限：2022年01月

单位：元

项目	金额	摊销期间	摊销期（月）	月摊销额	累计摊销额	剩余摊销金额
财务软件	3,000.00	2022.1-2023.12	24	125.00	125.00	2,875.00

制单：方芳

票据簿

3b-1

租金管理摊销表

所属期限：2022年01月

项目	金额	摊销期间	摊销期（月）	月摊销额	累计摊销额	剩余摊销金额
房租	30,000.00	2021.10-2022.12	15	2,000.00	8,000.00	22,000.00

制单：方芳

票据簿

37-1 应交增值税计提表

年　月　日

单位：元

序号	项目	借方金额	贷方金额
1	应交增值税期初余额		
2	本期销项税额发生额		
3	本期进项税额发生额		
4	本期减免税额发生额		
5	本期进项税额转出发生额		
6	本期应转出未交增值税发生额		

审核人：　　　　　　　　　　　　　　　制表人：

票据簿

附加税费计提表

3B-1

年　月　日　　　　　　　　　　　　　　　　　　　　　　　　单位：元

应交税费明细项目	计算依据	金额	税率	应纳税费	备注
城市维护建设税	应交增值税				
教育费附加	应交增值税				
地方教育附加	应交增值税				
合　计					

审核人：　　　　　　　　　　　　　　　　　制表人：

票据簿

当期损益计算表

年　月　日　　　　　　　　　　　　　　　单位：元

收入类科目	本月发生额	费用类科目	本月发生额
主营业务收入		主营业务成本	
其他业务收入		其他业务成本	
营业外收入		税金及附加	
投资收益		管理费用	
		销售费用	
		财务费用	
		资产减值损失	
		营业外支出	
合　计		合　计	
当期损益（利润为正，亏损为负）			

制单：

习-1

票据簿

4D-1

中国建设银行股份有限公司活期存款明细账

币别：人民币　　账号：36036041247716258466　　开户名：江东东方服饰有限公司　　日期：2022-01-01至2022-01-31

日期	凭证种类	摘要	户名	发生额 借方	发生额 贷方	余额	方向	交易流水号
20220104	转账凭证	期初余额			79,622.13	79,622.13	贷	3206021450A65YH218
20220105	转账凭证	收到投资款			700,000.00	779,622.13	贷	3206021450A65YH315
20220107	转账凭证	收到货款	江州四野商贸有限公司		45,320.00	824,942.13	贷	3206021450A65YH316
20220111	转账凭证	购支用备金		5,000.00		819,942.13	贷	3206021450TG775W89
20220112	转账凭证	购买包发箱	江州彩明印刷有限公司	11,300.00		808,642.13	贷	3206021450TG775S00
20220112	转账凭证	支付货款	江东中胜贸易有限公司	20,479.00		788,163.13	贷	3206021450TG568C10
20220112	转账凭证	收到货款	江州武进商贸有限公司		77,456.00	865,619.13	贷	3601023390N0PB2PD4
20220114	电子缴税凭证	缴纳10-12月增值税	饣报解预算收入（财库联网集中户）	1,584.00		864,035.13	贷	3601023390N4PZX2KA
20220114	电子缴税凭证	缴纳10-12月城建税	饣报解预算收入（财库联网集中户）	55.44		863,979.69	贷	3601023390N0PB2PB1
20220114	电子缴税凭证	缴纳12月印花税	饣报解预算收入（财库联网集中户）	30.70		863,948.99	贷	3601023390N0PB2PB1
20220115	转账凭证	网银支付工资		44,123.50		819,825.49	贷	3601635470N4PZV032
20220120	电子缴税凭证	缴纳社保		17,600.10		802,225.39	贷	3601023390N4PZXXKA
20220120	转账凭证	支付运费	江州平安物流有限公司	1,200.00		801,025.39	贷	3601023390N4PZ3F67
20220126	转账凭证	收到货款	江州天明贸易有限公司		99,440.00	900,465.39	贷	3206021450TG775H11
20220126	企业网银结算费	支付货款	江州凯祥服饰有限公司	20,000.00		880,465.39	贷	3246213S4K22I1I1E12
20220126	转账凭证	支付银行手续费		15.00		880,450.39	贷	3208548917TG775W01
20220127	转账凭证	支付水费	江州市尚农水务有限公司	126.98		880,323.41	贷	3601053390347856W8
20220127	转账凭证	支付电费	国网江州电力有限公司	1,176.33		879,147.08	贷	3601063390347850X1
20220128	转账凭证	购买财务软件	江东金明科技有限公司	3,390.00		875,757.08	贷	

打印时间：2022-02-01 14:05:25　　打印机构：建设银行江州江州江支行　　打印柜员：53051642SAJ5　　打印卡号：36036041247716258466

票据簿

4D-2

ICBC ⍟ 中国工商银行　　　　**对 账 单**

户名：江东东方服饰有限公司　　　币别：人民币　　　　　　　　　对账所属期：2022年01月
账号：1206045200232456458　　　　　　　　　　　　　　　　　　　　　　　　　第 1 页

交易日期	交易摘要	凭证号	借方（支出）	贷方（收入）	借/贷标志	余额	柜员号
上月余额						0.00	
2022/1/7	工行贷款			200,000.00	贷	200,000.00	

（印章：中国工商银行股份有限公司胜利门支行 业务专用章 (01)）

票据簿

40-3 专用发票汇总表

制表日期：2022年02月01日
所属期间：2022年01月~01月
税控盘 2022年01月~01月　　资料统计
纳税人识别号：　913702826077846591
企业名称：江东东方服饰有限公司
地址电话：江州市沿江东路88号0377-6780555

★ 发票领用存情况 ★

期初库存份数	0	正数发票份数	3	负数发票份数	0
购进发票份数	25	正数废票份数	0	负数废票份数	0
退回发票份数	0	期末库存份数	22		

★ 销 项 情 况 ★

金额单位：元

序号	项目名称	合计	13%	9%	6%	4%	3%	其他
1	销项正废金额	0.00	0.00	0.00	0.00	0.00	0.00	0.00
2	销项正数金额	462000.00	462000.00	0.00	0.00	0.00	0.00	0.00
3	销项负废金额	0.00	0.00	0.00	0.00	0.00	0.00	0.00
4	销项负数金额	0.00	0.00	0.00	0.00	0.00	0.00	0.00
5	实际销售金额	462000.00	462000.00	0.00	0.00	0.00	0.00	0.00
6	销项正废税额	0.00	0.00	0.00	0.00	0.00	0.00	0.00
7	销项正数税额	60060.00	60060.00	0.00	0.00	0.00	0.00	0.00
8	销项负废税额	0.00	0.00	0.00	0.00	0.00	0.00	0.00
9	销项负数税额	0.00	0.00	0.00	0.00	0.00	0.00	0.00
10	实际销项税额	60060.00	60060.00	0.00	0.00	0.00	0.00	0.00

票据簿

4D-4 普通发票汇总表

制表日期：2022年02月01日
所属期间：2022年01月~01月
税控盘 2022年01月~01月　资料统计
纳税人识别号：91370282607784659L
企业名称：江东东方服饰有限公司
地址电话：江州市沿江东路88号0377-6780555

★ 发票领用存情况 ★

期初库存份数	0	正数发票份数	1	负数发票份数	0
购进发票份数	25	正数废票份数	0	负数废票份数	0
退回发票份数	0	期末库存份数	24		

★ 销 项 情 况 ★
金额单位：元

序号	项目名称	合计	13%	9%	6%	4%	3%	其他
1	销项正废金额	0.00	0.00	0.00	0.00	0.00	0.00	0.00
2	销项正数金额	176000.00	176000.00	0.00	0.00	0.00	0.00	0.00
3	销项负废金额	0.00	0.00	0.00	0.00	0.00	0.00	0.00
4	销项负数金额	0.00	0.00	0.00	0.00	0.00	0.00	0.00
5	实际销售金额	176000.00	176000.00	0.00	0.00	0.00	0.00	0.00
6	销项正废税额	0.00	0.00	0.00	0.00	0.00	0.00	0.00
7	销项正数税额	22880.00	22880.00	0.00	0.00	0.00	0.00	0.00
8	销项负废税额	0.00	0.00	0.00	0.00	0.00	0.00	0.00
9	销项负数税额	0.00	0.00	0.00	0.00	0.00	0.00	0.00
10	实际销项税额	22880.00	22880.00	0.00	0.00	0.00	0.00	0.00

票据簿

40-5

发票清单

销税人识别号：91370282607784659L 认证月份：202201

单位：元

序号	发票代码	发票号码	开票日期	销方税号	销方名称	金额	税额	税率	认证方式	确认/认证日期	发票类型	发票状态
1	3200170211	67548021	2022/1/7	91370421798563581A	江州共创文具有限公司	707.97	92.03	13%	勾选认证	2022-01-28	增值税专票	正常
2	4100190211	67265403	2022/1/8	91410121798654718I	陇州思峰客运酒店有限公司	900.00	54.00	6%	勾选认证	2022-01-28	增值税专票	正常
3	4403203831	44982668	2022/1/11	91440300760122038W	江州彩明印刷有限公司	10,000.00	1,300.00	13%	勾选认证	2022-01-28	增值税专票	正常
4	3200190748	91327883	2022/1/11	91370556GMA112101L	江东吾悦服饰有限公司	262,500.00	34,125.00	13%	勾选认证	2022-01-28	增值税专票	正常
5	3200190712	25066861	2022/1/11	91370421IAL5621235	江东中肥贸易有限公司	117,900.00	3,537.00	3%	勾选认证	2022-01-28	增值税专票	正常
6	3340019611	63053624	2022/1/12	91370600863434190C	江州凯祥服饰有限公司	223,200.00	29,016.00	13%	勾选认证	2022-01-28	增值税专票	正常
7	3200170021	17920422	2022/1/26	91370421809652476M	江州广安物流有限公司	1,100.92	99.08	9%	勾选认证	2022-01-28	增值税专票	正常
8	3200170120	42338783	2022/1/27	91370200013590212OE	江州市尚农农水务有限公司	116.50	10.48	9%	勾选认证	2022-01-28	增值税专票	正常
9	3200170120	00756488	2022/1/27	91370214667273100H	国网江州电力有限公司	1,041.00	135.33	13%	勾选认证	2022-01-28	增值税专票	正常
10	4403205642	44456788	2022/1/28	91413261328475643J	江东金碑科技有限公司	3,000.00	390.00	13%	勾选认证	2022-01-28	增值税专票	正常

票据簿

1-1

付 款 申 请 单

2022 年 02 月 01 日填

申请部门：行政部

收款单位	江州博万人力资源有限公司	付款原因	人才招聘费
银行账号	362142434401778643		
开户行	中国工商银行中心支行		
付款方式	转账		
付款截止日			
人民币（大写）	⊗佰⊗拾⊗万贰仟零佰零拾零元零角零分		¥ 2000.00

领导审批 惊勇　　财务主管 方方　　部门主管 李阳　　经办人 徐小凤

票据簿

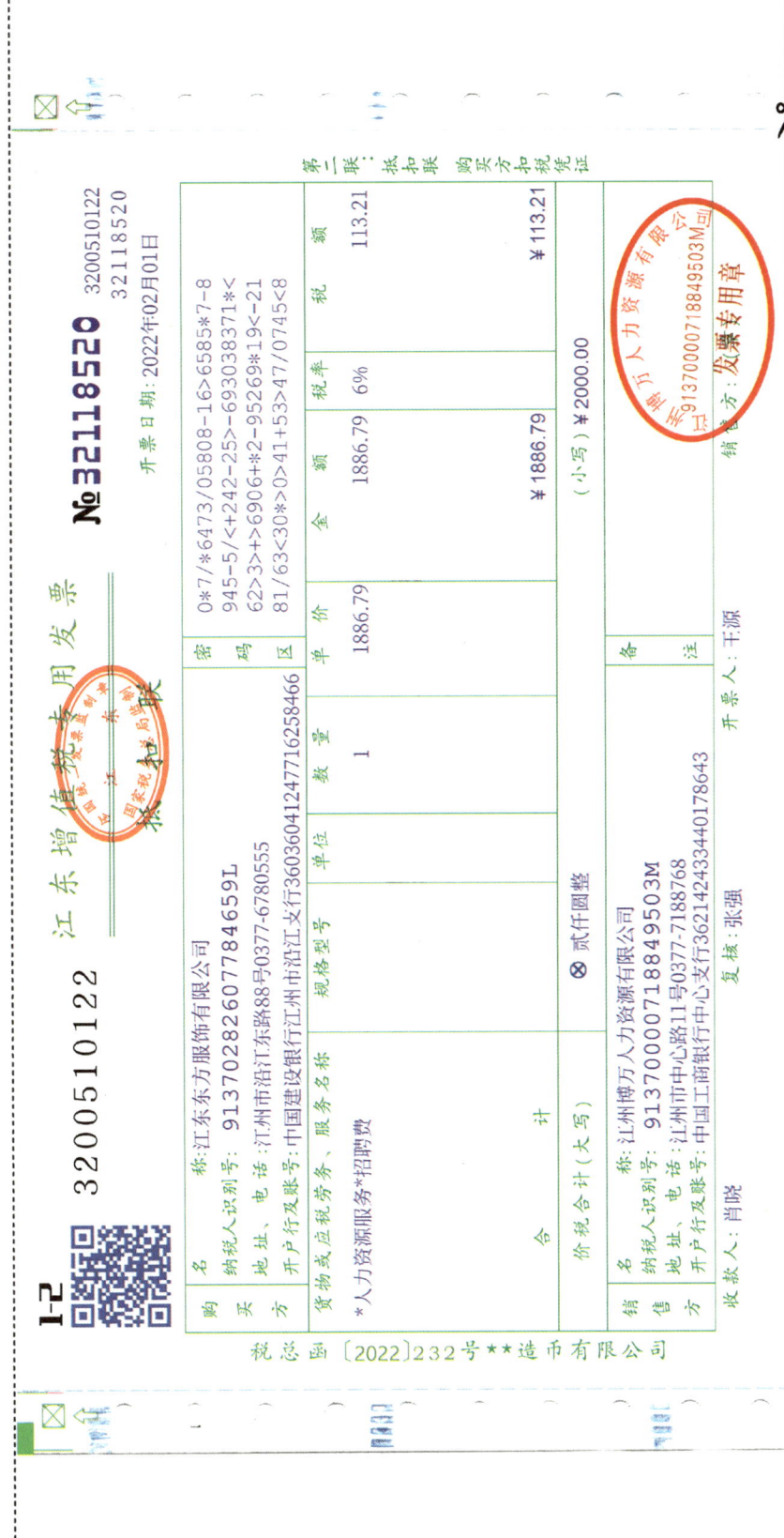

票据簿

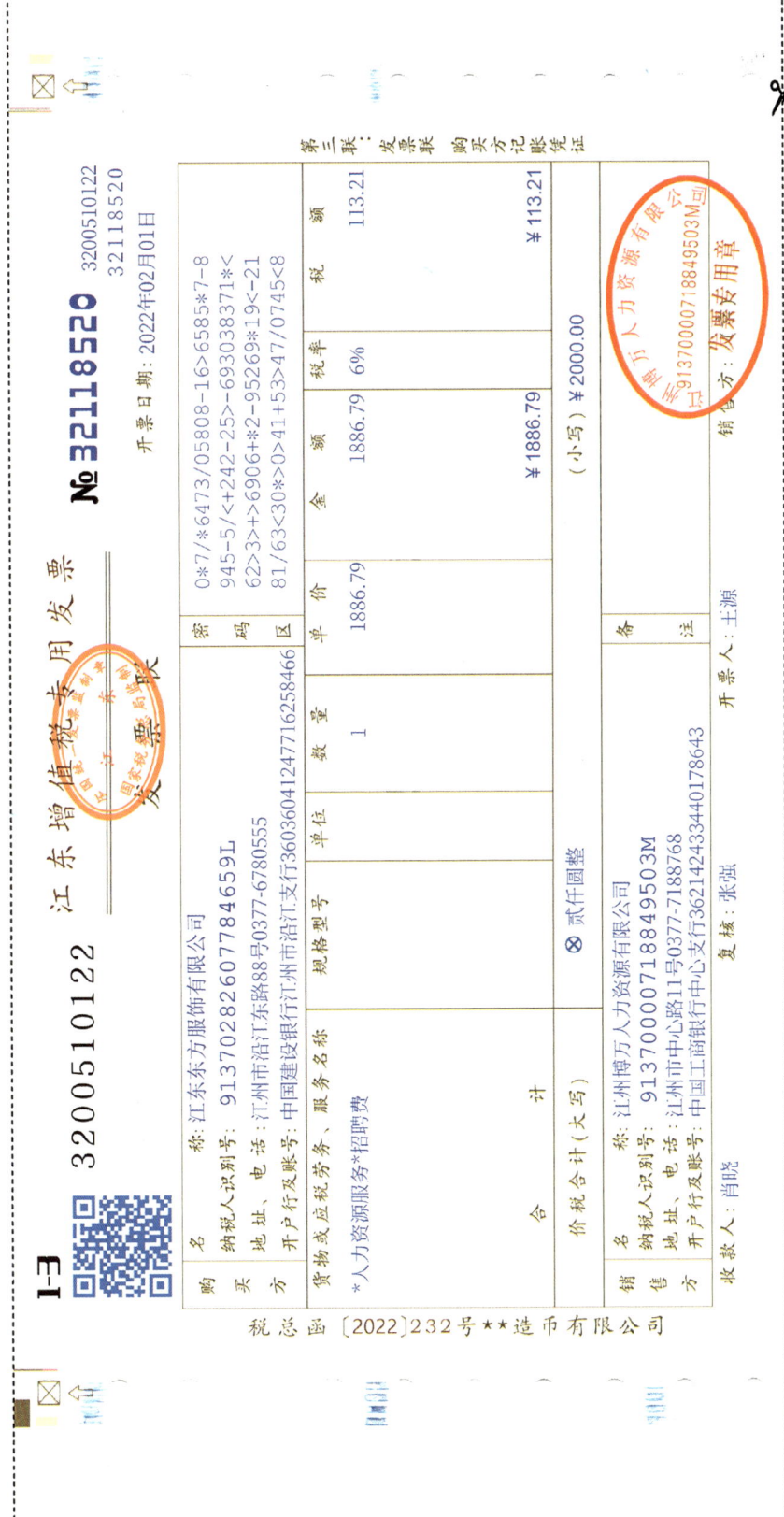

票据簿

1-4

中国建设银行单位客户专用回单

币别：人民币　　　　　2022年02月01日　　　　　流水号：3206021450TG567W11

付款人	全　称	江东东方服饰有限公司	收款人	全　称	江州博万人力资源有限公司
	账　号	36036041247716258466		账　号	36214243344017864
	开户行	中国建设银行江州市治江支行		开户行	中国工商银行中心支行
金　额	（大写）人民币贰仟元整				（小写）￥2,000.00
凭证种类	电汇转账凭证		凭证号码		45832145695
结算方式	转账		用　途		人才招聘费

打印柜员：3206045001
打印机构：江州市治江支行
打印卡号：23729384928520

交易柜员：320001450D36　　　　　　交易机构：320001450

打印时间：2022-02-01

票据簿

乙-1

中国建设银行 单位客户专用回单

币别：人民币　　　　2022年02月01日　　　　流水号:3206021450TG567D52

付款人	全称	江东东方服饰有限公司	收款人	全称	
	账号	36036041247716258466		账号	
	开户行	中国建设银行江州市沿江支行		开户行	
金额	（大写）人民币伍仟元整				（小写）¥ 5,000.00
凭证种类	电汇转账凭证		凭证号码	45832145 8542	
结算方式	转账		用途	提现	

打印柜员：3206604 5001
打印机构：江州市沿江支行
打印卡号：23729384928520

中国建设银行
电子回单专用章

（借方回单）

（付款人回单）

本回单可通过网点自助设备或建行网站校验真伪

打印时间：2022-02-01　　交易柜员:320001450D36　　交易机构:320001450

票据簿

2-2

中国建设银行 China Construction Bank
单位结算卡业务凭证

2022年02月01日

流水号：320602l280HY87E408

付款人	全称	江东东方服饰有限公司
	账号	360360412A7716258466
	开户行	中国建设银行江州市沿江支行

收款人	全称	
	账号	
	开户行	

金额：（大写）人民币伍仟元整　　（小写）¥5,000.00

结算方式：取款

凭证种类：

签字：李鹃

备注：

支付密码：

组件流水号：3206510293948578 2

用户填写：请在相应业务种类前打"√"
- □ 现金存入：账(卡)号　　□ 卡内转账：付款账户□序号□账(卡)号
- □ 转账、汇兑：收款人全称　　　付款账户全称
  收款人账(卡)号　　付款账户□序号□账(卡)号
  收款人开户银行　　收款账户全称

金额(大写)：　　　　　　　　（小写）　　　　用途：

主管：　　　　　授权：　　　　复核：　　　　经办：

（贷方回单　中国建设银行股份有限公司　银行签章　2022-02-01　业务专用章　734176MYVWWS）

票据簿

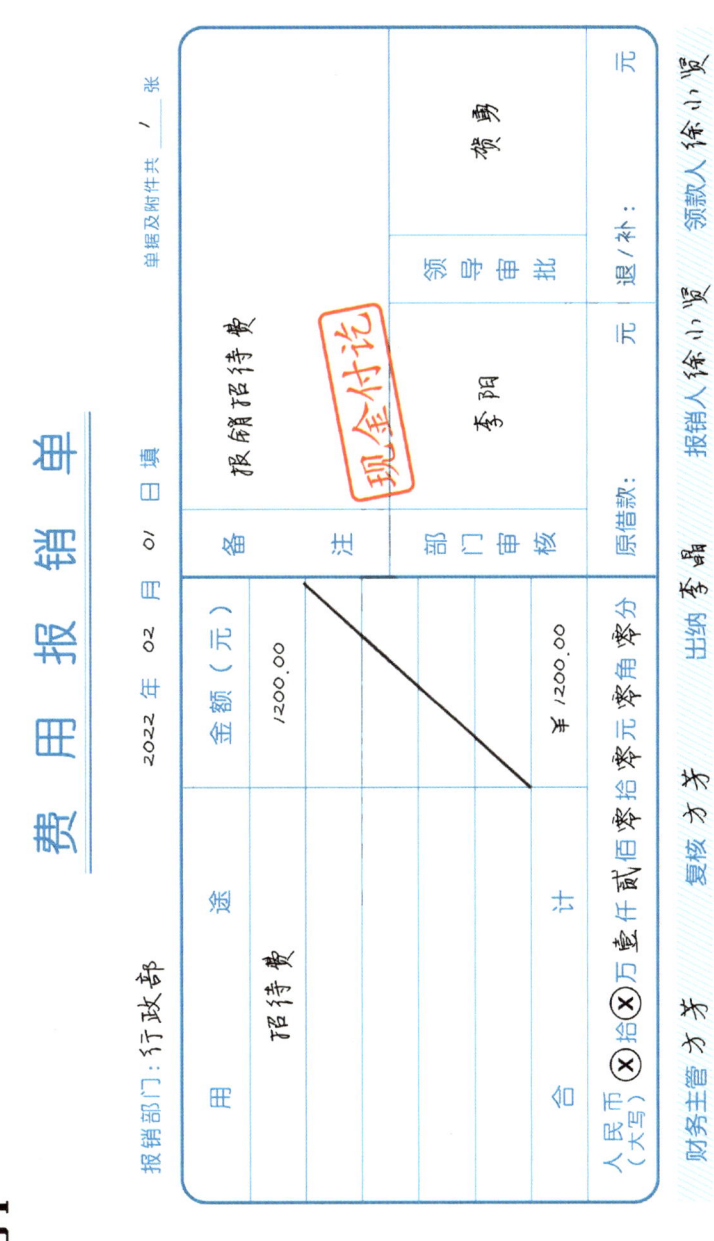

3-1

票据簿

江东增值税普通发票

发票代码: 032002102541
发票号码: 64105200
开票日期: 2022年02月01日

密码区:
7+79>52*853252/464/+52-*1231
5-9<847</4-125+14517/10>4801
*5>69+/53/<91494953>2+2<2-5
>38<*51+*84+*<+0/->+6402>-38

购买方	名　称: 江东东方服饰有限公司
	纳税人识别号: 91370282607784659L
	地　址、电　话: 汇州市沿江东路88号0377-6780555
	开户行及账号: 中国建设银行汇州市浒江支行360360412477162584660

货物或应税劳务、服务名称	规格型号	单位	数量	单价	金额	税率	税额
*餐饮服务*餐费			1	1165.05	1165.05	3%	34.95
合　计					¥1165.05		¥34.95

价税合计(大写) ⊗ 壹仟贰佰圆整　　(小写) ¥1200.00

销售方	名　称: 汇州顺发餐饮有限公司
	纳税人识别号: 91370511654478655S
	地　址、电　话: 汇州市滨海西路52号0377-6771520
	开户行及账号: 中国建设银行汇州市淀海支行360360252477136580000

备注: 解元

收款人: 吴郑凯　　复核: 吴优　　开票人: 解元

税总函[2022]852号**造币有限公司

票据簿

4-1 中国建设银行单位客户专用回单

中国建设银行 China Construction Bank

币别：人民币　　　　　　　　2022年02月02日　　　　流水号：3206021450TG567A78

付款人	全称	江州桓隆贸易有限公司	收款人	全称	江东东方服饰有限公司
	账号	36058966958900565566		账号	36036041247716258466
	开户行	中国建设银行江州市新城支行		开户行	中国建设银行江州市沿江支行
金额	（大写）人民币叁拾玖万柒仟柒佰陆拾元整				（小写）¥397,760.00
凭证种类	电汇转账凭证		凭证号码	3206045002	
结算方式	转账		用途	收到货款	

打印柜员：3206045002
打印机构：江州市沿江支行
打印卡号：2358456985421O

中国建设银行
电子回单
专用章

交易柜员：32001450D256　　　　交易机构：325100014

打印时间：2022-02-02

（贷方回单）
（收款人回单）

本回单可通过网点自助设备或建行网站校验真伪

票据簿

5-1

付 款 申 请 单

申请部门：销信部　　　　　2022 年 02 月 02 日填

收 款 单 位	百度在线网络技术（上海）有限公司	付款原因	
银 行 账 号	2150813928/0001		百度推广费
开 户 行	招商银行上海分行曹家渡支行		
付 款 方 式	转账		
付款截止日			
人民币（大写）	⊗佰⊗拾⊗万伍仟零佰零拾零元零角零分	¥ 5000.00	

领导审批　悠勇　　财务主管　方方　　部门主管　李强丰　　经办人　郊楚

票据簿

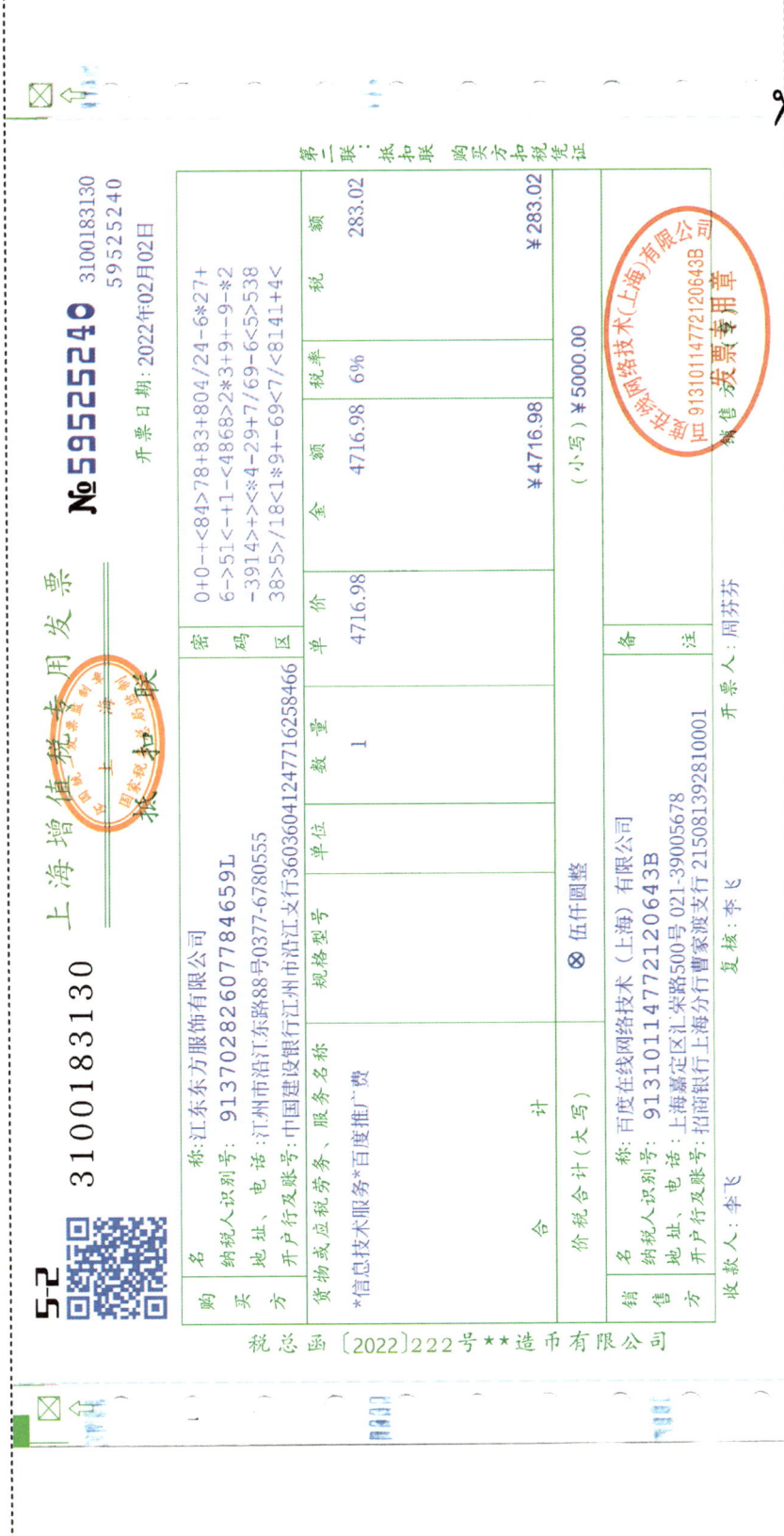

票据簿

上海增值税专用发票

发票联

No 59525240

3100183130
59525240

开票日期：2022年02月02日

		密码区	0+0-+<84>78+83+804/24-6*27+ 6->51<-+1-<4868>2*3+9+-9-*2 -3914>+><<*4-29+7/69-6<5>538 38>5>/18<1*9+-69<7/<8141+4<

购买方	名　　称：江东东方服饰有限公司 纳税人识别号：91370282607784659L 地　　址、电　话：江州市沿江东路88号0377-6780555 开户行及账号：中国建设银行江州市沿江支行3603604124771625846

货物或应税劳务、服务名称	规格型号	单位	数量	单价	金额	税率	税额
*信息技术服务*百度推广费			1	4716.98	4716.98	6%	283.02
合　计					¥4716.98		¥283.02

价税合计（大写）　⊗伍仟圆整　　（小写）￥5000.00

销售方	名　　称：百度在线网络技术（上海）有限公司 纳税人识别号：91310114772120643B 地　　址、电　话：上海嘉定区汇荣路500号 021-39005678 开户行及账号：招商银行上海分行曹家渡支行 21508139281001

备注

收款人：李飞　　复核：李飞　　开票人：周芬芬

销售方：百度在线网络技术（上海）有限公司
发票专用章
91310114772120643B

税总函〔2022〕222号 ＊＊造币有限公司

票据簿

5-4 中国建设银行单位客户专用回单

币别：人民币　　2022年02月02日　　流水号：2529006531806823349

付款人	全称	江东东方服饰有限公司	收款人	全称	百度在线网络技术（上海）有限公司
	账号	36036041247716258466		账号	21508139281000
	开户行	中国建设银行江州市沿江支行		开户行	招商银行上海分行曹家渡支行
金额	（大写）人民币伍仟元整				（小写）¥5,000.00
凭证种类	电汇转账凭证		凭证号码	90624624788	
结算方式	转账		用途	百度推广费	

交易柜员：32000145D36　　交易机构：320001450

打印时间：2022-02-02

票据簿

6-1

付 款 申 请 单

2022 年 02 月 02 日填

申请部门：行政部

收款单位	江州市华易汽车有限公司	付款原因	购买轿车
银行账号	362145120040172211		
开户行	中国工商银行沿江东路支行		
付款方式	转账		
付款截止日			
人民币（大写）	(X)佰贰拾柒万叁仟肆佰玖拾柒元零角零分	￥2734997.00	

领导审批 颂勇　　财务主管 方芳　　部门主管 李阳　　经办人 徐小贤

票据簿

6-2 机动车销售统一发票（抵扣联）

开票日期	2022-02-02			发票代码	132001922360
机打代码	132001922360			发票号码	02038243
机打号码	02038243		税	*-684+341*4>2<673+6-<94<0324*+6*84<6/9265	
机器编号	58990025683l		控	18704<9+<0+2418*<5946<83+24-972891+50>25*	
			码	>8</061/+5-<8287>2*->84/0<+91/52691*+04-0	
				<<*260>864343O>*4*/9*1+1*86042/32*715/8/3	
购买方名称	江东东方服饰有限公司		纳税人识别号	91370282607784659L	
身份证号码/组织机构代码					
车辆类型	轿车	厂牌型号	奥迪牌/AUDIFV7205RCDCG	产地	江州市
合格证号	VBG2X1130026815	进口证明书号		商检单号	845655881
发动机号码	130211569	车辆识别代号/车架号码	LSGFC54UXDF088434		
价税合计	小写 ¥273,497.00	大写 贰拾柒万叁仟肆佰玖拾柒元整			
销货单位名称	江州市华宏汽车有限公司			电话	0377-6777888
纳税人识别号	91370855794242101A			账号	362145120040172211
地 址	江州市沿江东路11号			开户银行	中国工商银行沿江东路支行
增值税税率或征收率	13%	增值税税额	小写 ¥31,464.26	主管税务机关及代码	国家税务总局江州市沿江东路税务区
不含税价	小写 ¥242,032.74	完税凭证号码	8526646		
开票人：李菊				备注：一车一票 限乘人数	

发票专用章 91370855794242101A

票据簿

6-3

机动车销售统一发票

发票代码 13200192360
发票号码 02038243

开票日期 2022-02-02

机打代码	13200192360			机打号码	02038243	机器编号	589900256831

购买方名称	江东东方服饰有限公司	税控码	*-684+341*4>2<673+6-<94<0324*+6*84<6/9265 18704<9+<0+2418*<5946<83+24-972891+50>25* >8</061/+5-<8287>2*->84/0-<+91/52691*+04-0 +<*260>8643430>4*/9*1+1*86042/32*715/8/3
身份证号码/组织机构代码		纳税人识别号	91370282607784659L

车辆类型	轿车	厂牌型号	奥迪牌/AUDIFV7205RCDCG	产地	江州市
合格证号	VBG2X113002815	进口证明书号		商检单号	845655881
发动机号码	130211569	车辆识别代号/车架号码	LSGFC54UXDF088434		
价税合计	贰拾柒万叁仟肆佰玖拾柒元整			小写 ¥273,497.00	
销货单位名称	江州市华宏汽车有限公司		电话	0377-6777888	
纳税人识别号	91370855794242101A		账号	3621451200401 72211	
地址	江州市沿江东路11号		开户银行	中国工商银行沿江东路支行	
增值税税率	13%	增值税税额	小写 ¥242,032.74	主管税务机关及代码	国家税务总局江州市沿江税务区 8526646
无征税收率					
不含税价	小写 ¥242,032.74	完税凭证号码	8526646	开票人: 李娟	

备注: 一车一票
限票人数

销货单位盖章

票据簿

中国建设银行单位客户专用回单

币别：人民币　　　　2022年02月02日　　　流水号:3206021450TG567Q85

付款人	全　称	江东东方服饰有限公司	收款人	全　称	江州市华宏汽车有限公司
	账　号	36036041247716258466		账　号	36214512004017221
	开户行	中国建设银行江州市沿江支行		开户行	中国工商银行沿江东路支行
金　额	（大写）人民币贰拾柒万叁仟肆佰玖拾柒元整				（小写）¥273,497.00
凭证种类	电汇转账凭证		凭证号码		4583215611
结算方式	转账		用　途		购买轿车

打印柜员：3206045001
打印机构：江州市沿江支行
打印卡号：23729384928520

交易柜员：320001450D36　　　　交易机构：320001450

打印时间：2022-02-02

票据簿

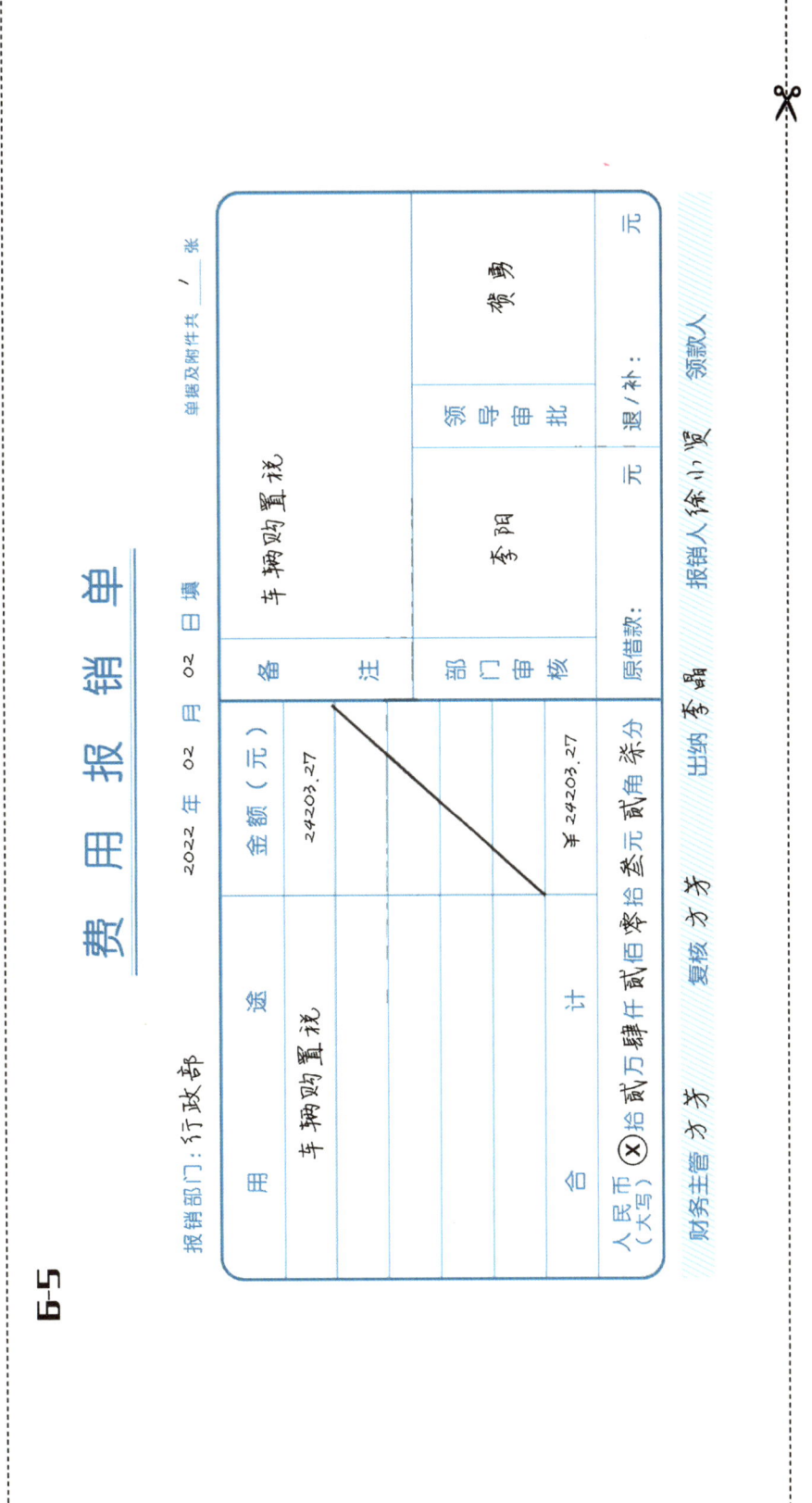

票据簿

中华人民共和国
税 收 完 税 证 明

填发日期：2022 年 02 月 02 日　　税务机关：江州市税务局第一税务分局

纳税人识别号	91370282607784659L		纳税人名称	江东东方服饰有限公司		
原凭证号	税种	品目名称	税款所属时期	入（退）库日期	实缴（退）金额	
2420709	车辆购置税	车辆购置税	2022-02-02至2022-02-02	2022-02-02	24,203.27	收据联 纳税人作完税证明
金额合计（大写）人民币贰万肆仟贰佰零叁元贰角柒分					￥24,203.27	
填 票 人 纳税人间土井具			备注	正常申报一般申报正常自行申报江东省江州市沿江主管税务所（科、分局）：江州市税务局沿江区分局发票价格：242032.74、车辆厂牌：奥迪牌/AUDI、车辆型号：VBG2X1130026815		

安 善 保 管

票据簿

中国建设银行单位客户专用回单

凭证字号：36010287JHG989394JR9

转账日期：2022年02月02日

纳税人全称及纳税人识别号：江东方服饰有限公司 91370282607784659L

付款人全称：江东方服饰有限公司
付款人账号：3603604124771625846
付款人开户银行：中国建设银行江州市沿江支行
小写（合计）金额：￥24,203.27
大写（合计）金额：人民币贰万肆仟贰佰零叁元贰角柒分
税（费）种名称　　　　所属时期　　　　　　　缴纳金额
车辆购置税　　　2022.02.02-2022.02.02　　　24,203.27

征收机关名称（委托方）：　　咨询（投诉）电话：12366
收款国库（银行）名称：国家金库江东文库
缴款书交易流水号：20220202287357856
税票号码：32022110298347811

交易柜员：3200001450D36　　交易机构：3200001450

打印时间：2022-02-02

票据簿

6-8

固定资产验收单

2022年2月2日

序号	固定资产名称	型号规格	类别	金额（元）	使用部门	入账日期	增加方式	折旧方法	使用年限	预计净残值
1	轿车	D001	交通工具	266,236.01	行政部	2022/2/2	购入	年限平均法	4	13,311.80
合计				266,236.01						13,311.80

票据簿

7-1

付 款 申 请 单

申请部门：行政部 　　　2022 年 02 月 02 日 填

收款单位	中国人寿财产保险股份有限公司	付款原因	保险费
银行账号	36036024440013142112		
开户行	中国建设银行江州市滨海支行		
付款方式	转账		
付款截止日			
人民币（大写）	⊗佰⊗拾⊗万伍仟柒佰捌拾陆元壹角肆分	￥ 5,786.14	

领导审批 顾勇　　财务主管 方芳　　部门主管 李阳　　经办人 徐小霞

票据簿

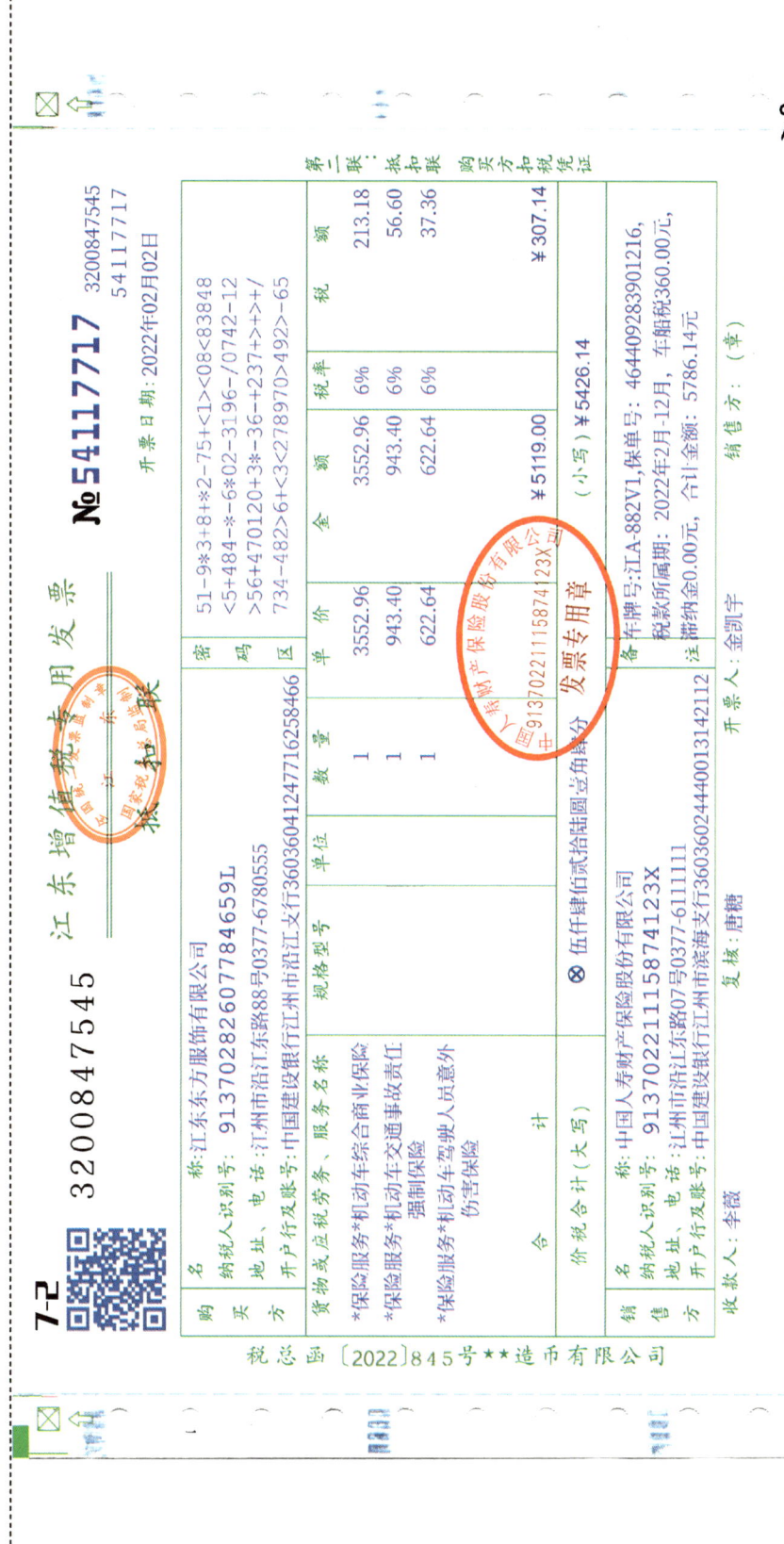

票据簿

7-3

江东增值税专用发票

№ 54117717

3200847545
54117717

开票日期：2022年02月02日

购买方	名称：江东东方服饰有限公司
	纳税人识别号：91370282607784659L
	地址、电话：江州市沿江东路88号0377-6780555
	开户行及账号：中国建设银行江州市沿江支行360360412477 16258466

密码区：
51-9*3+8+*2-75+<1><08<83848
<5+484-*-6*02-3196-/0742-12
>56+470120+3*-36-+237+>+>+/
734-482>6+<3<278970>492>-65

货物或应税劳务、服务名称	规格型号	单位	数量	单价	金额	税率	税额
*保险服务*机动车综合商业保险			1	3552.96	3552.96	6%	213.18
*保险服务*机动车交通事故责任强制保险			1	943.40	943.40	6%	56.60
*保险服务*机动车驾驶人身意外伤害保险			1	622.64	622.64	6%	37.36
合　计					￥5119.00		￥307.14

价税合计（大写）　⊗ 伍仟肆佰贰拾陆圆壹角肆分　（小写）￥5426.14

销售方	名称：中国人寿财产保险股份有限公司
	纳税人识别号：91370221158741 23X
	地址、电话：江州市沿江东路07号0377-6111111
	开户行及账号：中国建设银行江州市滨海支行360360244400131 42112

备注：车牌号：江A-882V1,保单号：464409283901216,
税款所属期：2022年2月-12月, 车船税360.00元,
滞纳金0.00元, 合计金额：5786.14元

收款人：李薇　复核：唐糖　开票人：金凯宇　销售方：（章）

税总函〔2022〕845号 ** 造币有限公司

票据簿

7-4

中国建设银行单位客户专用回单

币别：人民币　　　　　2022年02月02日　　　　流水号：3206021450TG567E77

付款人	全称	江东东方服饰有限公司	收款人	全称	中国人寿财产保险股份有限公司
	账号	36036041247716258466		账号	36036024440013142112
	开户行	中国建设银行汀州市沿江支行		开户行	中国建设银行汀州市滨海支行
金额	（大写）人民币伍仟柒佰捌拾陆元壹角肆分				（小写）¥5,786.14
凭证种类	电汇转账凭证		凭证号码	45832142 2010	
结算方式	转账		用途	保险费	

打印柜员：3206045001
打印机构：汀州市沿江支行
打印卡号：23729384928520

交易柜员：320001450D36　　交易机构：320001450

打印时间：2022-02-02

票据簿

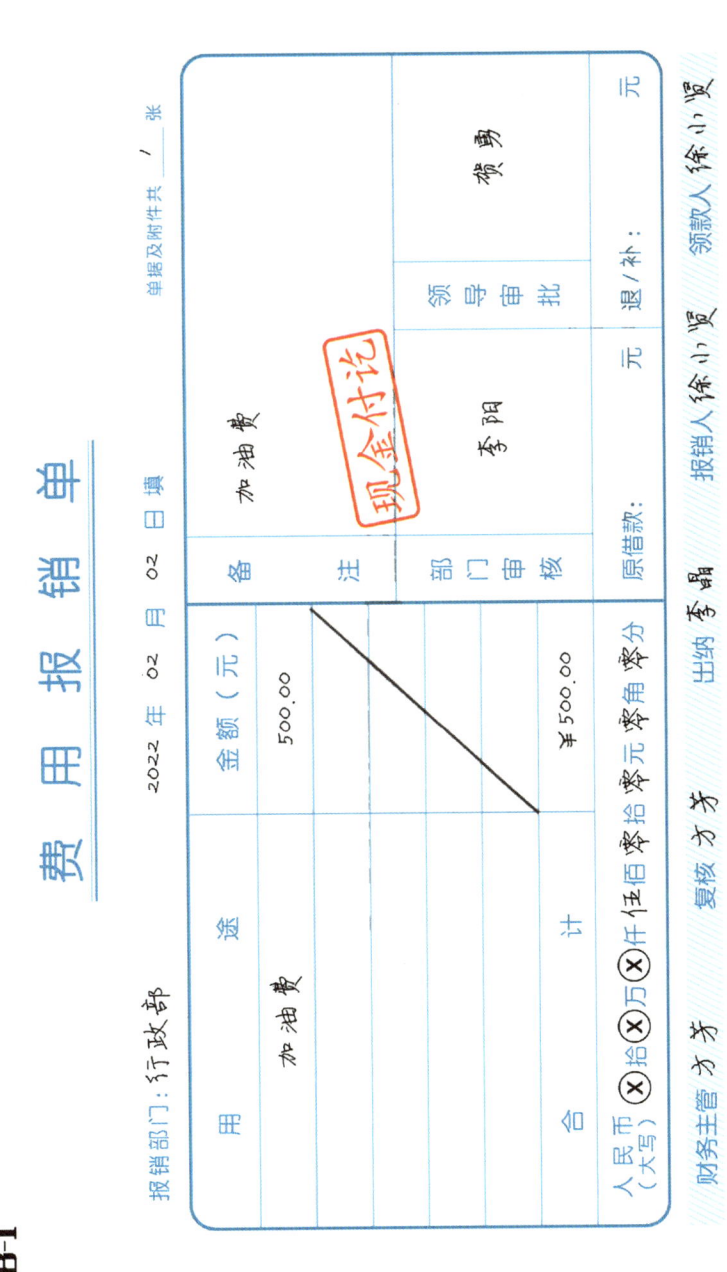

票据簿

8-2

江东省国家税务局通用机打发票

发票联

发票代码 232001901106

发票号码 34669829

密码

客户名称：江东东方服饰有限公司

开票日期：2022年2月2日

行业分类：通用发票

机打号码：96037695

机器编码：102938478206

收款单位：中国石油化工公司江州分公司

税号：91370282607784659L

项目名称	金额
汽油费	500.00

金额合计（小写）¥500.00

金额合计（大写）伍佰元整

税控码：3606 0251 3786 7883 8768

开票人：张倩

（除客户名称外手写无效）

票据簿

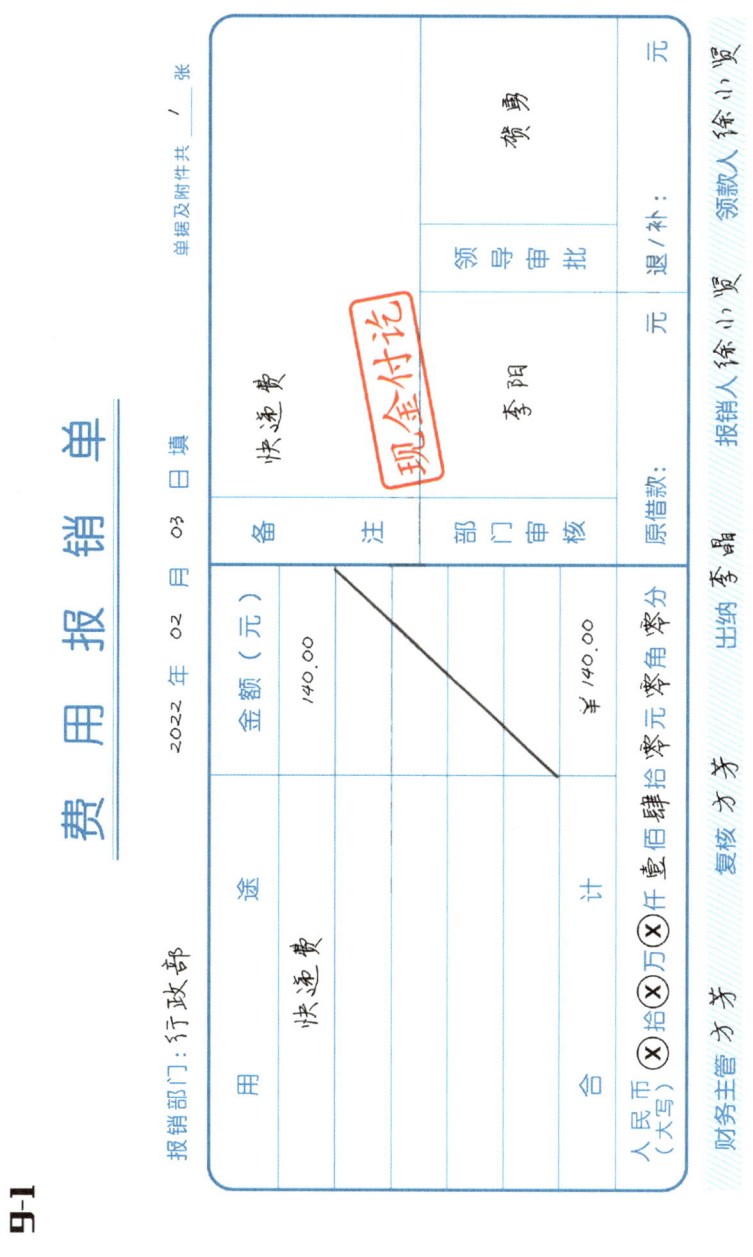

票据簿

江东增值税专用发票

No. 89913519
3200847575
89913519

开票日期：2022年02月03日

购买方	名称：江东东方服饰有限公司 纳税人识别号：91370282607784659L 地址、电话：江州市沿江东路88号 0377-6780555 开户行及账号：中国建设银行江州市沿江支行3603604124771625846

货物或应税劳务、服务名称	规格型号	单位	数量	单价	金额	税率	税额
*物流辅助服务*快递费			1	132.08	132.08	6%	7.92
合　计					￥132.08		￥7.92

密码区：
0<3<⁄82⁄4−+>⁄2>2−9−6⁄2*−141
29602>325<12435>164−+90460⁄
>3635>6⁄86⁄6+1−35196>+>7⁄5+
4+69<24274951*+⁄<2⁄358<972<

价税合计（大写）　豆伯肆拾圆整　（小写）￥140.00

销售方	名称：江州顺丰速运有限公司 纳税人识别号：913202203214579607 地址、电话：江州市工业区齐盛大道114号 0377-8677897 开户行及账号：中国建设银行江州工业区支行345789060587	备注

收款人：杨文婷　　复核：连忠生　　开票人：蒋益娟

税总函〔2022〕222号＊＊造币有限公司

票据簿

9-3

江苏增值税专用发票

No 89913519

3200847575
89913519

开票日期：2022年02月03日

密码区：
0<3</82/4-+>/2>2-9-6/2*-141
29602>325<12435>164-+90460/
>3635>6/86/6+1-3519<>+>7/5+
4+69<2474951*+/<2/358<972<

购买方	名　称：江东东方服饰有限公司 纳税人识别号：91370282607784659L 地　址、电　话：江州市沿江东路88号 0377-6780555 开户行及账号：中国建设银行江州市沿江支行3603604124771625846

货物或应税劳务、服务名称	规格型号	单位	数量	单价	金额	税率	税额
*物流辅助服务*快递费			1	132.08	132.08	6%	7.92
合　计					￥132.08		￥7.92

价税合计（大写）　⊗ 壹佰肆拾圆整　（小写）￥140.00

销售方	名　称：江州顺丰速运有限公司 纳税人识别号：913202220321457907 地　址、电　话：江州市工业区齐盛大道114号 0377-8677897 开户行及账号：中国建设银行江州工业区支行34567890605871

收款人：杨文婷　　复核：连总生　　开票人：蒋益娟　　销售方：（发票专用章）

税总函〔2022〕222号　**造币有限公司

票据簿

ID-1

江东增值税专用发票

No 11213540

3200420745
11213540

开票日期:2022年02月04日

购买方	名 称:江东东方服饰有限公司 纳税人识别号:913702826077784659L 地 址、电 话:江州市沿江东路88号0377-6780555 开户行及账号:中国建设银行江州市沿江支行36036041247716258466	密码区	42506-5/<65-+90/*20502-*-/> 8*<>8496463957/+9692*/-5*> +>3<->2953-670>4-0/-353+587 4/2/95+47917292-79/7><50*7

货物或应税劳务、服务名称	规格型号	单位	数量	单价	金额	税率	税额
*服装*男式运动服套装		套	800	195.00	156000.00	13%	20280.00
*服装*女式运动服套装		套	800	180.00	144000.00	13%	18720.00
合 计					¥300000.00		¥39000.00

价税合计(大写) ⊗ 叁拾叁万玖仟圆整   (小写)¥339000.00

| 销售方 | 名 称:江州吾悦服饰有限公司
纳税人识别号:91370556MA112101L
地 址、电 话:江州市河海东路32号0377-6612345
开户行及账号:中国建设银行江州市河海支行36020205000000007745 | 备注 | |

收款人:周明丽　　复核:王强　　开票人:张丽

税总函〔2022〕232号 ** 造币有限公司

(销售方发票专用章:江州吾悦服饰有限公司 91370556MA112101L)

票据簿

B-2

江东省国家税务局通用机打发票

发 票 联

发票代码 232001901106

发票号码 34669829

密码

客户名称：江东东方服饰有限公司

开票日期：2022年2月2日

行业分类：通用发票

机打号码：96037695

机器编码：102938478206

收款单位：中国石油化工公司江州分公司

税号：9137028260778465L

项目名称	金额
汽油费	500.00

金额合计(小写)￥500.00

金额合计(大写) 伍佰元整

税控码：3606 0251 3786 7883 8768

开票人：张倩

票据簿

10-3

江东东方服饰有限公司入库单

交来单位：江州喜悦服饰有限公司　　2022 年 02 月 04 日　　№ 1601009

商品名称	规格	单位	应收数量	实收数量	单价	金额	备注
男式运动服		套	800	800	195.00	156000.00	第三联
女式运动服		套	800	800	180.00	144000.00	财务联
合计						300000.00	

会计：方芳　　仓管主管：季浩　　经办人：答德锋

部门经理：张静

票据簿

江东增值税专用发票

发票代码: 3200420850
发票号码: 22210066
开票日期: 2022年02月04日
№ 22210066

购买方	名 称: 江东东方服饰有限公司
	纳税人识别号: 91370282607784659L
	地 址、电 话: 江州市沿江东路88号0377-6780555
	开户行及账号: 中国建设银行江州市沿江支行360360412477162584666

货物或应税劳务、服务名称	规格型号	单位	数量	单价	金额	税率	税额
*服装*男式运动服套装		套	500	190.00	95000.00	13%	12350.00
*服装*女式运动服套装		套	500	182.00	91000.00	13%	11830.00
合　　计					￥186000.00		￥24180.00

价税合计(大写)　⊗ 贰拾壹万零壹佰捌拾圆整　　(小写) ￥210180.00

销售方	名 称: 江州凯祥服饰有限公司
	纳税人识别号: 91370600863434190G
	地 址、电 话: 江州市建安一路嘉龙大厦5层03号0377-8575815
	开户行及账号: 工商银行江州市建安一路支行362120513525821745

收款人: 王莹　　复核: 夏长任　　开票人: 李荷

税总函〔2022〕232号 ** 造币有限公司

票据簿

江东增值税专用发票

3200420850
№ 22210066

3200420850
22210066
开票日期：2022年02月04日

密码区:
```
087+58<-> 07/17<36252 4532/81
345<7+6<73>19+* 106/603989<5
-43-<246*80410 <>8+46</+2789
862*797<5/>168*65-<38/-2143
```

购买方
名　称：江东东方服饰有限公司
纳税人识别号：913702826077846591L
地　址、电话：江州市沿江江东路88号0377-6780555
开户行及账号：中国建设银行江州市沿江支行36036041247716258466

货物或应税劳务、服务名称	规格型号	单位	数量	单价	金额	税率	税额
*服装*男式运动服套装		套	500	190.00	95000.00	13%	12350.00
*服装*女式运动服套装		套	500	182.00	91000.00	13%	11830.00
合　计					¥186000.00		¥24180.00

价税合计（大写）　⊗ 贰拾壹万零壹佰捌拾圆整　　（小写）¥210180.00

销售方
名　称：江州凯祥服饰有限公司
纳税人识别号：913706008634341906
地　址、电话：江州市建安一路嘉龙大厦5层503号0377-8575815
开户行及账号：工商银行江州市建安一路支行3621205135258174

备注：

收款人：王亮　　复核：夏长在　　开票人：李倚

销售方：江州凯祥服饰有限公司　913706008634341906G（发票专用章）

税总函〔2022〕232号 ** 造币有限公司

票据簿

11-3

江东东方服饰有限公司入库单

交来单位：江州凯祥服饰有限公司　　2022 年 02 月 04 日　　No.1601010

商品名称	规格	单位	应收数量	实收数量	单价	金额	备注
男式运动服套装		套	500	500	190.00	95000.00	第三联
女式运动服套装		套	500	500	182.00	91000.00	财务联
合计						186000.00	

部门经理：张静　　会计：方芳　　仓管主管：李洁　　经办人：邓德锦

票据簿

12-1

电子银行承兑汇票

出票日期 贰零贰贰年零贰月零伍日　　票据状态　提示收票待签收
汇票到期日 2022-08-04　　票号　2 42522112945420220205 62458008 6

出票人	全称	江州浩泰贸易有限公司		收票人	全称	江苏东方服饰有限公司
	账号	7352310182400 1378			账号	3603604124771 6258466
	开户银行	中信银行江州华阳支行			开户银行	中国建设银行江州市沿江支行
出票保证信息	保证人姓名：					保证日期：
	保证人地址：					
票据金额	人民币（大写）	壹拾万元整				￥100,000.00
承兑人信息	全称	中信银行江州华阳支行		开户行行号		42522112 9454
	账号	7352310853600 2105		开户行名称		中信银行江州华阳支行
交易合同号				承兑信息	出票人承诺：本汇票信息请予以承兑，到期无条件付款	
能否转让	可转让				承兑人承诺：本汇票已经承兑，到期无条件付款	
					承兑日期：2022-02-05	
承兑保证信息	保证人姓名：					保证日期：
	保证人地址：					
评级信息（由出票人、承兑人自己记载，仅供参考）	评级主体：江州浩泰贸易有限公司				信用等级：	评级到期日：
	评级主体：中信银行江州华阳支行				信用等级：	评级到期日：
备注						

票据簿

付 款 申 请 单

申请部门：采购部　　　　　2022 年 02 月 09 日填

收款单位	江东申胜贸易有限公司	付款原因	支付货款
银行账号	1206045200232456458		
开户行	中国工商银行江州市胜利门支行		
付款方式	转账		
付款截止日			
人民币（大写）	(X)佰壹拾贰万壹仟肆佰叁拾柒元零角零分	¥ 121437.00	

领导审批 颂勇　　财务主管 方方　　部门主管 张静　　经办人 周斌

13-1

票据簿

13-2

ICBC 中国工商银行 业务回单（付款）

日期：2022年02月09日

付款人姓名：江东东方服饰有限公司
付款人账号（卡号）：1206045200232456458
收款人户名：江东中胜贸易有限公司
收款人账号（卡号）：3601123500141005775
金额：人民币壹拾贰万壹仟肆佰叁拾柒元整
业务（产品）种类：转账
摘要：支付货款
交易机构：030100213
起息日期：
计息账户账号：

回单编号：151600028
付款人开户行：中国工商银行江州市胜利门支行
收款人开户行：中国建设银行江州市河海支行
小写：￥121,437.00
凭证号码：0998938303
币种：人民币
渠道：批量业务
利率：　　　　　利息：

验证码：B28913

本回单为第2次打印，注意重复　打印日期：2022-02-09　打印柜员：01

票据簿

14-1

中国建设银行 China Construction Bank 中国建设银行单位客户专用回单

凭证字号：3601021133JF68DS9752

转账日期：2022年02月09日

纳税人全称及纳税人识别号：江东东方服饰有限公司 91370282607784659L

付款人全称：江东东方服饰有限公司

付款人账号：36036041247716258466

付款人开户银行：中国建设银行江洲市沿江支行

小写（合计）金额：¥14,096.04

大写（合计）金额：人民币壹万肆仟零玖拾陆元零肆分

税（费）种名称：增值税

所属时期：2022.01.01-2022.01.31

咨询（投诉）电话：国家税务局江东分局

征收机关名称（委托方）：国家金库江东支库

收款国库（银行）名称：2022021156789976

缴款书交易流水号：3202219743247125

税票号码：32000l450D36

实缴金额：14,096.04

生成时间:2022-02-09

此回单以客户真实交易为依据，可通过建行网站（www.ccb.com）校验真伪。电子回单可重复打印，请勿重复记账。

票据簿

15-1

中国建设银行 China Construction Bank — 中国建设银行单位客户专用回单

转账日期:2022年02月09日　　　　　　　　　凭证号:36010211339JF68FE8857

纳税人全称及纳税人识别号:江东东方服饰有限公司 91370282607784659L		
付款人全称:江东东方服饰有限公司	咨询(投诉)电话:国家税务局江东分局	
付款人账号:36036041247716258466	征收机关名称(委托方):国家金库汇东支库	
付款人开户银行:中国建设银行汇州市沿江支行	收款国库(银行)名称:20220211567898976	
小写(合计)金额:￥1,691.52	缴款书交易流水号:3202219743247856	
大写(合计)金额:人民币壹仟陆佰玖拾壹元伍角贰分	税票号码:32000145OD36	

税(费)种名称	所属时期	实缴金额
城市维护建设税	2022.01.01-2022.01.31	986.72
教育费附加	2022.01.01-2022.01.31	422.88
地方教育费附加	2022.01.01-2022.01.31	281.92

生成时间:2022-02-09
此回单以客户真实交易为依据,可通过建行网站(www.ccb.com)校验真伪。电子回单可重复打印,请勿重复记账。

票据簿

1б-1

中国建设银行　中国建设银行单位客户专用回单

转账日期:2022年02月09日　　　　　　　　　　　　　　　凭证字号:36010211339JF68JY9759

纳税人全称及纳税人识别号:江东东方服饰有限公司　91370282607784659L

付款人全称:江东东方服饰有限公司
付款人账号:36036041247716258466
付款人开户银行:中国建设银行江州市沿江支行
小写（合计）金额:¥607.40
大写（合计）金额:人民币陆佰零柒元肆角整

税（费）种名称	所属时期	实缴金额
印花税	2022.01.01-2022.01.31	607.40

征收机关名称（委托方）:国家税务局江东分局　　咨询（投诉）电话:12366
收款国库（银行）名称:国家金库江东支库
缴款书交易流水号:20220211567889976
税票号码:32022197432478653

（中国建设银行 电子回单专用章）

打印时间:2022-02-09　　交易柜员:320001450D36　　交易机构:320001450

票据簿

17-1

江东东方服饰有限公司
销售单（代合同）

No. 8101012

客户名称：江州恒隆贸易有限公司
纳税人识别号：91370120A198HK931E
地址电话：江州市新城开发区B区28号0377-8686800
开户行及账号：中国建设银行江州市新城支行 36058966958900565566
日期：2022年02月10日

第三联 财务联

编码	产品名称	规格	单位	数量	单价	金额	备注
140502	女式运动服套装		套	900	226.00	203400.00	
140501	男式运动服套装		套	900	271.20	244080.00	
合计	人民币（大写）：肆拾肆万柒仟肆佰捌拾元整					¥447480.00	

地址：江州市沿江东路88号
电话：0377-6780555

复核人：李强平　　经办人：方芳　　签收人：王浩

票据簿

17-2

江东东方服饰有限公司出库单

交来单位：江州恒隆贸易有限公司　　2022 年 02 月 10 日　　№.1405014

商品名称	规格	单位	应发数量	实发数量	单价	金额	备注
女式运动服		套	900	900			第三联
男式运动服		套	900	900			财务联
合计			1800	1800			

部门经理：李强平　　会计：方芳　　仓管主管：李浩　　经办人：客优锦

票据簿

江苏增值税专用发票

№ 55879234
3200190710
55879234

开票日期：2022年02月10日

购买方	名　称：江州佰隆贸易有限公司
	纳税人识别号：91370120A198HK931E
	地　址、电　话：江州市新城开发区B区28号0377-8686800
	开户行及账号：中国建设银行江州市新城支行36058969589005655566

密码区：
0-<8645978-6>*10<54+0*-+5<5
2-4/3-9620-+-68+-*/876</3+>
78/>+>3+4/8/<1*438-3*2+*783
>0/9>60/4/><98536><-96<0/+2

货物或应税劳务、服务名称	规格型号	单位	数量	单价	金额	税率	税额
*服装*女式运动服套装		套	900	200.00	180000.00	13%	23400.00
*服装*男式运动服套装		套	900	240.00	216000.00	13%	28080.00
合　计					￥396000.00		￥51480.00

价税合计（大写）⊗ 肆拾肆万柒仟肆佰捌拾圆整　　（小写）￥447480.00

销售方	名　称：江东东方服饰有限公司
	纳税人识别号：91370282607784659L
	地　址、电　话：江州市沿江东路88号0377-6780555
	开户行及账号：中国建设银行江州市沿江支行36036041247716258466

收款人：李晶　　复核：李品　　开票人：方方　　销售方：（章）

税总函〔2022〕432号 ** 造币有限公司

票据簿

18-1 开具红字增值税专用发票信息表

填开日期：2022年02月10日

销售方	名称	江东东方服饰有限公司	购买方	名称	江州四海贸易有限公司
	纳税人识别号	91370282607784659L		纳税人识别号	91440300095124005A

开具红字专用发票内容	货物（劳务服务）名称	数量	单价	金额	税率	税额
	*服装*男式运动服套装	-50	240.00	-12000.00	13%	-1560.00
	*服装*女式运动服套装	-50	200.00	-10000.00	13%	-1300.00
	合计			￥-22000.00		￥-2860.00

说明：

一、购买方 □
　对应蓝字专用发票抵扣增值税销项税额情况：
　　1. 已抵扣　□
　　2. 未抵扣　□

　对应蓝字专用发票的代码：_____　号码：_____

二、销售方 ☑

　对应蓝字专用发票的代码：__3200190710__　号码：__55879233__

红字发票信息表编号：3202872937487368

票据簿

江东增值税专用发票

1B-乙　　3200190710

销项负数

No 55879235

3200190710
55879235

开票日期：2022年02月10日

购买方	名　称：江州四海贸易有限公司
	纳税人识别号：91440300095124005A
	地　址、电　话：江州铜郫大道78号0377-8220068
	开户行及账号：中国工商银行铜郫支行3621212773020106

密码区：
0-<8645978-6>*10<54+0*-+5<5
2-4/3-9620-+-68+-+*/876</3+>
78/>+>3+4/8/<1*438-3*2+*783
>0/9>60/4/><98536><-96<0/+2

货物或应税劳务、服务名称	规格型号	单位	数量	单价	金额	税率	税额
*服装*男式运动服套装		套	-50	240.00	-12000.00	13%	-1560.00
*服装*女式运动服套装		套	-50	200.00	-10000.00	13%	-1300.00
合　计					¥-22000.00		¥-2860.00

价税合计（大写）　⊗负贰万肆仟捌佰陆拾圆整　　（小写）¥-24860.00

销售方	名　称：江东东方服饰有限公司	备注：开具红字增值税专用发票信息表编号
	纳税人识别号：91370282607784659L	32028729374487368
	地　址、电　话：江州市沿江东路88号0377-6780555	
	开户行及账号：中国建设银行江州市沿江支行360360412477162584666	

收款人：李晶　　复核：李品　　开票人：方方　　销售方：（章）

税总函〔2022〕432号 ** 造币有限公司

票据簿

江东增值税专用发票

No 55879233

3200190710
55879233

开票日期:2022年01月26日

| 密码区 | 04/*7*-*7*21863+/132610>0*5
<6+3>42>354+*031*1580>-1/+/
9/4*><<*<2<745-57>+80+9<+19
63>*5/+5/-<3>+39<8/*4247385 |

购买方
名 称:江州四海贸易有限公司
纳税人识别号:91440300095124005A
地 址、电 话:江州铜都大道78号0377-8220068
开户行及账号:中国工商银行铜都支行362121277330200106

货物或应税劳务、服务名称	规格型号	单位	数量	单价	金额	税率	税额
*服装*男式运动服套装		套	50	240.00	12000.00	13%	1560.00
*服装*女式运动服套装		套	50	200.00	10000.00	13%	1300.00
合 计					¥22000.00		¥2860.00

价税合计(大写) ⊗ 贰万肆仟捌佰陆拾圆整 (小写)¥24860.00

销售方
名 称:江东东方服饰有限公司
纳税人识别号:91370282607784659L
地 址、电 话:江州市沿江东路88号0377-6780555
开户行及账号:中国建设银行江州市沿江支行36036041247716258466

备注:方芳

收款人:李晶 复核:李晶 开票人:方芳

税总函〔2022〕210号 ★★造币有限公司

票据簿

江东增值税专用发票

1B-4　　3200190710　　No 55879233

3200190710
55879233

开票日期：2022年01月26日

购买方	名　称：江州四海贸易有限公司 纳税人识别号：91440300095124005A 地　址、电　话：江州铜都大道78号0377-8220068 开户行及账号：中国工商银行铜都支行3621212773300106	密码区	04/*7*-*7*21863+/132610>0*5 <6+3>42>354+*031*1580>-1/+/ 9/4*><<*2<745-57>+80+9<+19 63>*5/+5/-<3>+39<8/*4247385

货物或应税劳务、服务名称	规格型号	单位	数量	单价	金额	税率	税额
*服装*男式运动服套装		套	50	240.00	12000.00	13%	1560.00
*服装*女式运动服套装		套	50	200.00	10000.00	13%	1300.00
合　计					￥22000.00		￥2860.00

价税合计（大写）　⊗ 贰万肆仟捌佰陆拾圆整　　（小写）￥24860.00

销售方	名　称：江东东方服饰有限公司 纳税人识别号：91370282607784659L 地　址、电　话：江州市沿江东路88号0377-6780555 开户行及账号：中国建设银行江州市沿江支行36036041247716258466	备注	

收款人：方芳　　复核：李晶　　开票人：方芳　　销售方：（发票专用章）

税总函〔2022〕210号**造币有限公司

票据簿

江东增值税专用发票

No 55879236

3200190710
55879236

开票日期：2022年02月10日

密码区：
0-<8645978-6>*10<54+0*-+5<5
2-4/3-9620-+-68+-*/876</3+>
78/>+>3+4/8/<1*438-3*2+*783
>0/9>60/4/><9536<-96<0/+2

购买方
- 名 称：江州门海贸易有限公司
- 纳税人识别号：91440300095124005A
- 地 址、电 话：江州铜都大道79号0377-8220068
- 开户行及账号：中国工商银行铜都支行362121277330200106

货物或应税劳务、服务名称	规格型号	单位	数量	单价	金额	税率	税额
*服装*男式运动服套装		套	50	240.00	12000.00	13%	1560.00
*服装*女式运动服套装		套	50	200.00	10000.00	13%	1300.00
合 计					¥22000.00		¥2860.00

价税合计（大写） ⊗ 贰万肆仟捌佰陆拾圆整   （小写）¥24860.00

销售方
- 名 称：江东东方服饰有限公司
- 纳税人识别号：91370282607784659L
- 地 址、电 话：江东市沿江东路88号 0377-6780555
- 开户行及账号：中国建设银行江州市沿江支行36036041247716258466

备注：

收款人：李晶　　复核：李晶　　开票人：方芳　　销售方：（章）

税总函〔2022〕432号★★造币有限公司

票据簿

2D-1

江东东方服饰有限公司
销售单（代合同）

No. 8101013

日期：2022年02月10日

客户名称：江州天明贸易有限公司　　　　　纳税人识别号：91440300095448376J
地址电话：江州中心路太古城0377-8220068　开户行及账号：中国工商银行太古支行3621212773301906909

编码	产品名称	规格	单位	数量	单价	金额	备注
140502	女式运动服套装		套	200	226.00	45200.00	
合计	人民币（大写）：肆万伍仟贰佰元整					¥45200.00	

地址：江州市沿江东路88号　　　　　　　电话：0377-6780555

复核人：李强平　　　经办人：方芳　　　签收人：王浩

第三联　财务联

票据簿

2D-2

江东东方服饰有限公司出库单

交来单位：苏州天明贸易有限公司　　2022 年 02 月 10 日　　№. 1405015

商品名称	规格	单位	应发数量	实发数量	单价	金额	备注
女式运动服套装		套	200	200			第三联 财务联
合计			200	200			

部门经理：李强平　　会计：方芳　　仓管主管：李活　　经办人：吴倩倩

票据簿

江东增值税专用发票

No 55879237

3200190710
55879237

开票日期：2022年02月10日

购买方	名　称：江州天则贸易有限公司
	纳税人识别号：914403000954483761
	地　址、电　话：江州中心路太古城0377-8220068
	开户行及账号：中国工商银行太古支行3621212773301906099

密码区：
0-<8645978-6>*10<54+0*-+5<5
2-4/3-9620-+-68+-*/876</3+>
78/>+>3+4/8/<1*438-3*2+*783
>0/9>60/4/><98536><-96<0/+2

货物或应税劳务、服务名称	规格型号	单位	数量	单价	金额	税率	税额
*服装*女式运动服套装		套	200	200.00	40000.00	13%	5200.00
合　计					¥40000.00		¥5200.00

价税合计（大写）⊗ 肆万伍仟贰佰圆整　　　（小写）¥45200.00

销售方	名　称：江东东方服饰有限公司	备注
	纳税人识别号：91370282607784659L	
	地　址、电　话：江州市沿江东路88号 0377-6780555	
	开户行及账号：中国建设银行江州市沿江支行360360412477162584666	

收款人：李晶　　复核：李品　　开票人：方芳　　销售方：（章）

税总函〔2022〕432号 ** 造币有限公司

票据簿

21-1

中国建设银行　中国建设银行单位客户专用回单

币别：人民币　　　　　　　　2022年02月10日　　　　　　　　流水号：320602UYK87908JH7

付款人	全称	江州市体育局	收款人	全称	江东东方服饰有限公司
	账号	36011145450000000001		账号	36036041247716258466
	开户行	中国建设银行江州市中诚支行		开户行	中国建设银行江州市沿江支行
金额	（大写）人民币肆万肆仟肆佰玖拾陆元整				（小写）¥44,496.00
凭证种类	电汇转账凭证		凭证号码		75784907837
结算方式	转账		用途		收到货款

打印柜员：32066045002
打印机构：江州市沿江支行
打印卡号：2358456985421D

交易柜员：32001450D256　　　　交易机构：32001450

打印时间：2022-02-10

票据簿

21-2

中国建设银行单位客户专用回单

2022年02月10日 流水号：320602UI39896DF98

币别：人民币

付款人	全称	江州栢隆贸易有限公司
	账号	36058966958900565566
	开户行	中国建设银行江州市新城支行
收款人	全称	江东东方服饰有限公司
	账号	36036041247716258466
	开户行	中国建设银行江州市沿江支行

金额	（大写）人民币壹佰肆万玖仟壹佰陆拾元整	（小写）¥149,160.00
凭证种类	电汇转账凭证	凭证号码：3206045002
结算方式	转账	用途：收到货款

打印柜员：3206045002
打印机构：江州市沿江支行
打印卡号：23584569854210

中国建设银行
电子回单专用章

打印时间：2022-02-10　　交易柜员：32001450D256　　交易机构：32001450

票据簿

22-1

中国建设银行　　中国建设银行单位客户专用回单

币别：人民币　　　　2022年02月15日　　　　流水号：3601635SUI7896412

付款人	全称	江东东方服饰有限公司	收款人	全称	个人/单位存款
	账号	36036041247716258466		账号	
	开户行	中国建设银行汀州市沿汀支行		开户行	中国建设银行汀州市沿汀支行
金额		（大写）人民币伍万零陆佰柒拾贰元伍角壹分			（小写）￥50,672.51
凭证种类		电汇转账凭证	凭证号码		36010233901
结算方式		转账	用途		发放1月份工资

打印柜员：36010233901
打印机构：汀州市沿汀支行
打印卡号：6232512070028072

打印时间：2022-02-15　　　交易柜员：320001450D36　　　交易机构：320001450

票据簿

22-2

工资发放表

2022年1月

部门	岗位	姓名	基本工资	津贴	出勤天数	应发工资	应扣个人缴纳保险				税前合计	专项附加扣除	个人所得税	实发金额	签字
							养老保险 8%	医疗保险 2%	失业保险 0.5%	住房公积金 8%					
行政部	总经理	贺勇	8,000.00	200.00	满勤	8,200.00	656.00	164.00	41.00	656.00	6,683.00	1,000.00	20.49	6,662.51	贺勇
	行政经理	李阳	6,000.00	200.00	满勤	6,200.00	496.00	124.00	31.00	496.00	5,053.00	500.00	-	5,053.00	李阳
	行政人员	徐小娟	5,000.00	0.00	满勤	5,000.00	400.00	100.00	25.00	400.00	4,075.00	0.00	-	4,075.00	徐小娟
	小计		19,000.00	400.00		19,400.00	1,552.00	388.00	97.00	1,552.00	15,811.00	1,500.00	20.49	15,790.51	
财务部	会计	方方	6,000.00	200.00	满勤	6,200.00	496.00	124.00	31.00	496.00	5,053.00	100.00	-	5,053.00	方方
	出纳	齐茹	5,000.00	0.00	满勤	5,000.00	400.00	100.00	25.00	400.00	4,075.00	0.00	-	4,075.00	齐茹
	小计		11,000.00	200.00		11,200.00	896.00	224.00	56.00	896.00	9,128.00	400.00	-	9,128.00	
销售部	销售经理	李浩平	6,000.00	200.00	满勤	6,200.00	496.00	124.00	31.00	496.00	5,053.00	2,000.00	-	5,053.00	李根木
	销售人员	郭慧	4,500.00	0.00	满勤	4,500.00	360.00	90.00	22.50	360.00	3,667.50	0.00	-	3,667.50	郭慧
	小计		10,500.00	200.00		10,700.00	856.00	214.00	53.50	856.00	8,720.50	2,000.00	-	8,720.50	
采购部	采购经理	张静	6,000.00	200.00	满勤	6,200.00	496.00	124.00	31.00	496.00	5,053.00	400.00	-	5,053.00	张静
	采购人员	周斌	4,500.00	0.00	满勤	4,500.00	360.00	90.00	22.50	360.00	3,667.50	1,000.00	-	3,667.50	周斌
	小计		10,500.00	200.00		10,700.00	856.00	214.00	53.50	856.00	8,720.50	1,400.00	-	8,720.50	
仓储部	仓库主管	李浩	5,500.00	200.00	满勤	5,700.00	456.00	111.00	28.30	456.00	4,645.50	1,000.00	-	4,645.50	李浩
	仓管员	曾馨怡	4,500.00	0.00	满勤	4,500.00	360.00	90.00	22.50	360.00	3,667.50	1,000.00	-	3,667.50	曾馨怡
	小计		10,000.00	200.00		10,200.00	816.00	204.00	51.00	816.00	8,313.00	2,000.00	-	8,313.00	
合计			61,000.00	1,200.00		62,200.00	4,976.00	1,244.00	311.00	4,976.00	50,693.00	7,300.00	20.49	50,672.51	

票据簿

23-1

中国建设银行单位客户专用回单

币别：人民币　　　2022年02月19日　　　流水号：705058602DGO9205KK

户名：江东东方服饰有限公司	账号：36036041247716258466	
项目名称	工本费/手续费/电子汇划费	金额
手续费	15.00	￥15.00
合计金额	（大写）壹拾伍元整	￥15.00

付款方式：转账
业务类型：对公人民币转账、汇款（含退汇）-跨行异地
摘要：手续费

打印柜员：3206045002
打印机构：江州市沿江支行
打印卡号：2358456985421O

交易柜员：320001450D36　　　交易机构：320001450

（中国建设银行 电子回单 专用章）

打印时间：2022-02-19

票据簿

24-1

ICBC Ⓢ 中国工商银行 —— 收费

凭证
（记账联）

付款日期：2022年02月19日
付款账号：1206045200232456458
付款名称：江东东方服饰有限公司
付款行：中国工商银行江州市胜利门支行
币种：人民币
合计实收金额（大写）：壹拾捌元整
合计实收金额（小写）： RMB 18.00
合计应收金额： RMB 18.00
付款方式：转账
产品名称：银行手续费
费用项目名称：银行手续费
摘要：银行手续费
费用发生日：2022年02月19日   业务发生日：2022年02月19日

经办：陈德行   复核：李丽

（中国工商银行胜利门支行 2022-02-19 办讫章 (01)）

票据簿

票据簿

25-1

付 款 申 请 单

申请部门：行政部　　　　　2022 年 02 月 19 日填

收款单位	江州市尚保水务有限公司	付款原因	
银行账号	360060416771625783 6		水费
开 户 行	中国建设银行江州市沿江支行		
付款方式	银行转账		
付款截止日			
人民币（大写）	⊗佰⊗拾⊗万⊗仟壹佰肆拾柒元贰角玖分		¥ 144.29

领导审批 颁勇　　财务主管 方芳　　部门主管 李阳　　经办人 徐小霞

票据簿

江东增值税专用发票

No. 42339559
3200170120

开票日期：2022年02月19日

校验码 95285 76589 62986 27997

购买方	名 称：江东东方服饰有限公司
	纳税人识别号：91370282607784659L
	地 址、电 话：江州市沿江东路88号 0377-6780555
	开户行及账号：中国建设银行江州市沿江支行360360412477162584666

密码区	0<<07>583*-3858<603/21>6>/4 +/816301/687+>672838301/<15 96>/7/6-5/<5-41/-7/<297361< 72/+8-50<72*-9-/9-8+-7*634*

货物或应税劳务、服务名称	规格型号	单位	数量	单价	金额	税率	税额
*水冰雪*白米水		吨	25	5.2954	132.38	9%	11.91
合 计					¥132.38		¥11.91

价税合计（大写） ⊗ 壹佰肆拾肆圆贰角玖分 （小写）¥144.29

销售方	名 称：江州市尚农水务有限公司
	纳税人识别号：91370200135902120E
	地 址、电 话：江州市沿江西路52号 0377-8688775
	开户行及账号：中国建设银行江州市沿江支行360060416771625 7836

备注：

收款人：王欣　　复核：王欣　　开票人：张磊　　销售方（章）

税总函〔2022〕222号 ★★造币有限公司

票据簿

25-3

江东增值税专用发票

No 42339559

3200170120
42339559

开票日期：2022年02月19日

校验码:95285 76589 62986 27997

购买方	名 称：江东东方服饰有限公司 纳税人识别号：91370282607784659L 地 址、电 话：江州市沿江东路88号 0377-6780555 开户行及账号：中国建设银行江州市沿江支行360604124771625 8466	密码区	0<*07>583*-3858<603/21>6>/4 +/816301/687+>672838301/<15 96>/7/6-5/<5-41/-7/<297361< 72/+8-50<72<-9-/9-8+-7*634*

货物或应税劳务、服务名称	规格型号	单位	数量	单价	金额	税率	税额
*水冰雪*白来水		吨	25	5.2954	132.38	9%	11.91
合 计					¥132.38		¥11.91

价税合计（大写） ⊗ 壹伯肆拾肆圆贰角玖分　　（小写）¥144.29

销售方	名 称：江洲市尚农水务有限公司 纳税人识别号：913702001359 02120E 地 址、电 话：江州市沿江丙路52号 0377-8688775 开户行及账号：中国建设银行江州市沿江支行360060416771625 7836	备注

收款人：王欣　　　复核：王欣　　　开票人：张磊

税总函〔2022〕222号 ** 造币有限公司

票据簿

25-4

中国建设银行　中国建设银行单位客户专用回单

市别：人民币　　　　　2022年02月19日　　　　　流水号:3206021879HG5Y88

付款人	全称	江东东方服饰有限公司	收款人	全称	江州市尚农水务有限公司
	账号	36036041247716258466		账号	36006041677162578366
	开户行	中国建设银行江州市沿江支行		开户行	中国建设银行江州市沿江支行
金额	（大写）人民币壹佰肆拾肆元贰角玖分				（小写）¥144.29
凭证种类	电汇转账凭证		凭证号码	854394376439	
结算方式	转账		用途	水费	

打印柜员：32066045001
打印机构：江州市沿江支行
打印卡号：23729384928520

打印时间：2022-02-19　　　　　交易柜员：32000145OD36　　　　　交易机构：320001450

（借方回单）（付款人回单）

本回单可通过网点自助设备或建行网站校验真伪

票据簿

26-1

付 款 申 请 单

申请部门：行政部　　　　　2022 年 02 月 19 日填

收款单位	国网江州电力有限公司	付款原因	电费
银行账号	36001111677162000000		
开户行	中国建设银行江州市沿江支行		
付款方式	银行转账		
付款截止日			
人民币（大写）	⊗佰⊗拾⊗万壹仟伍佰壹拾玖元零角零分	¥	1519.00

领导审批：领勇　　财务主管：方芳　　部门主管：李阳　　经办人：徐小贤

票据簿

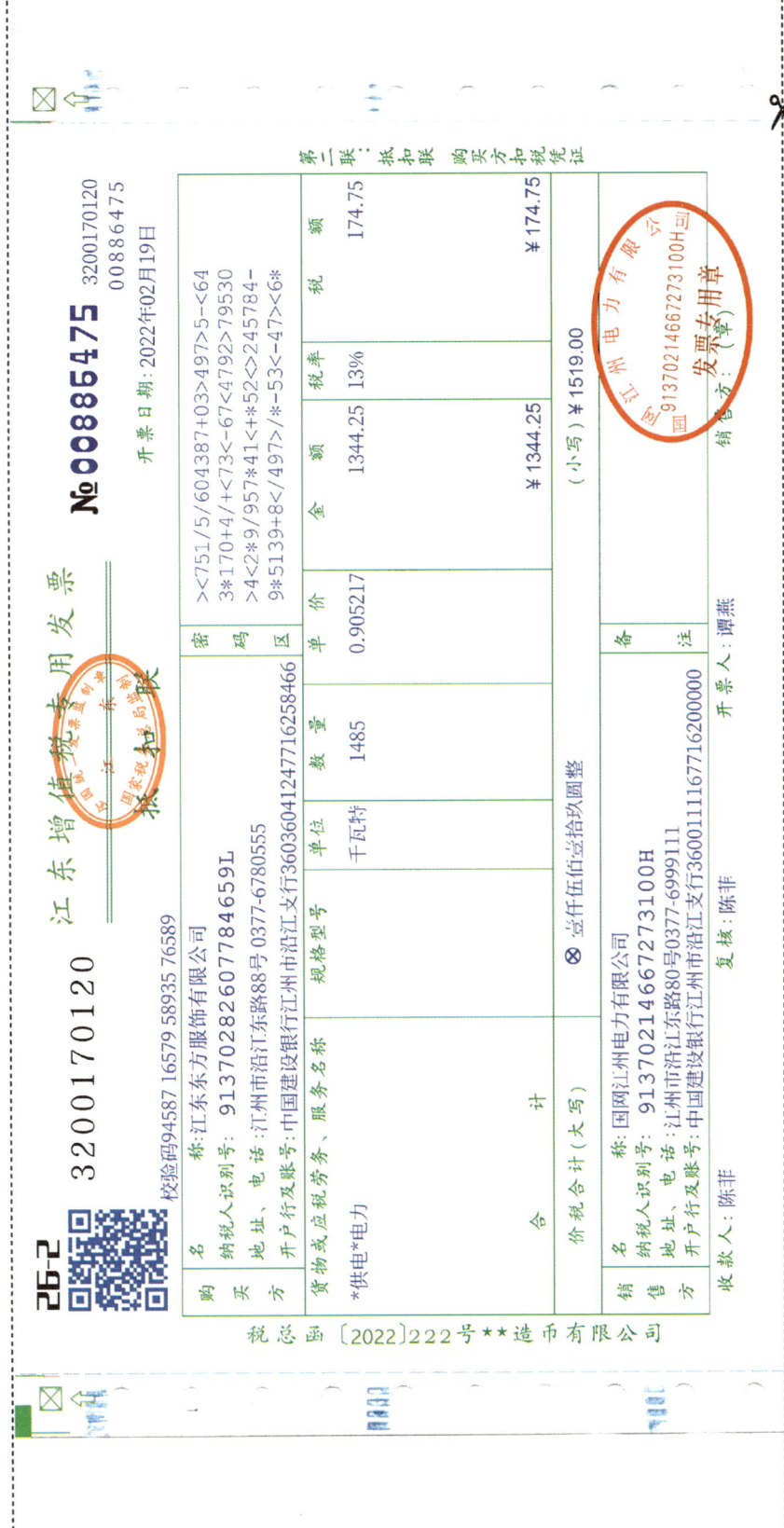

票据簿

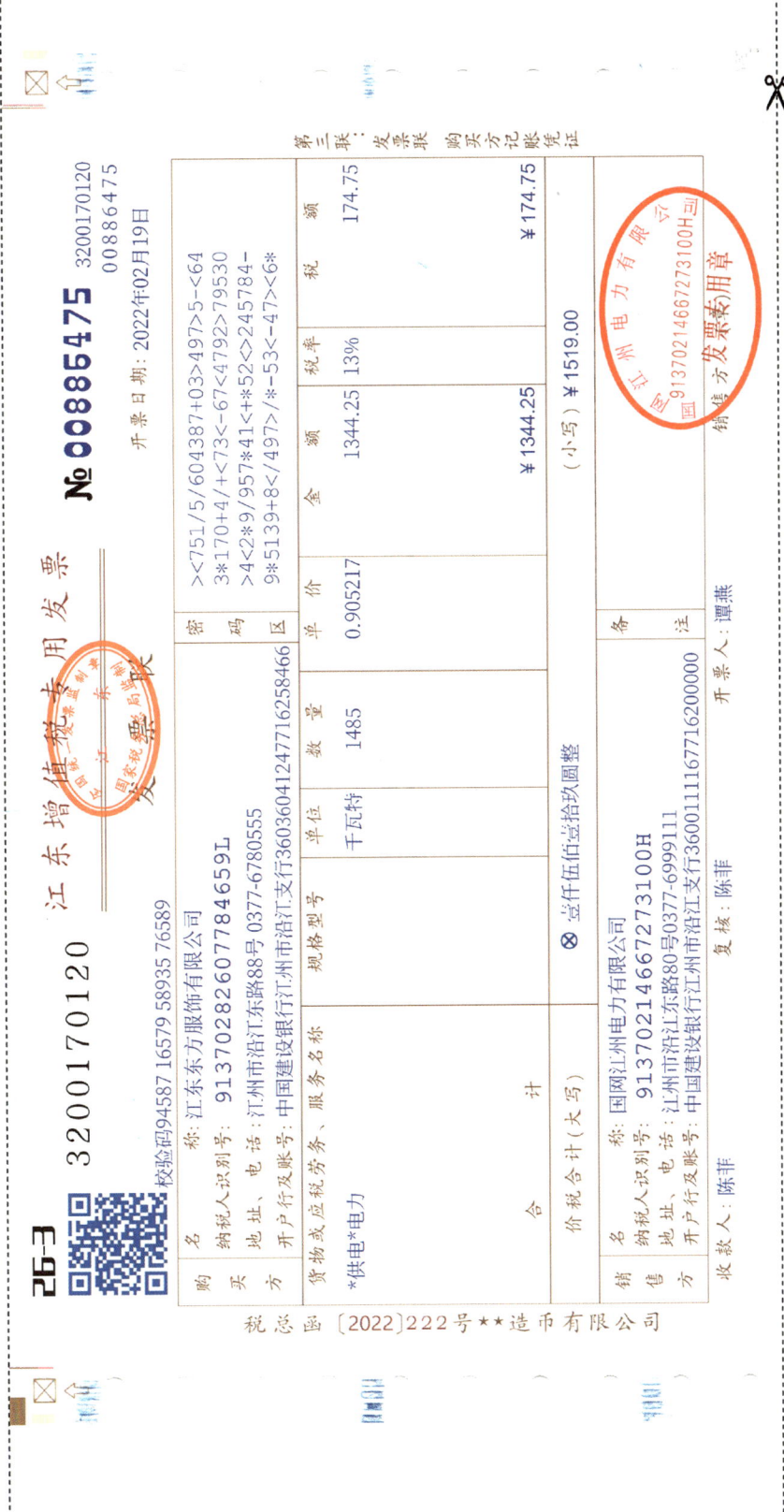

票据簿

2b-4

中国建设银行单位客户专用回单

币别：人民币　　　　　2022年02月19日　　　　　流水号:3206021879HG5Y88

付款人	全　称	江东东方服饰有限公司	收款人	全　称	国网汀州电力有限公司
	账　号	36036041247716258466		账　号	36001111677162000000
	开户行	中国建设银行汀州市沿汀支行		开户行	中国建设银行汀州市沿汀支行
金　额	（大写）人民币壹仟伍佰壹拾玖元整				（小写）￥1,519.00
凭证种类	电汇转账凭证		凭证号码		8543994376439
结算方式	转账		用　途		电费

打印柜员：3206045001
打印机构：汀州市沿汀支行
打印卡号：23729384928520

交易柜员：320001450D36　　　　交易机构：320001450

打印时间：2022-02-19

票据簿

27-1

付 款 申 请 单

申请部门：行政部　　　　　2022 年 02 月 19 日 填

收 款 单 位	江州源茂自动化设备有限公司	付款原因	预付生产物租金
银 行 账 号	36007391677188233963		
开 户 行	中国建设银行江州市沿江支行		
付 款 方 式	银行转账		
付款截止日			
人民币（大写）	⊗佰⊗拾贰万零仟零佰零拾零元零角零分	¥ 20,000.00	

领导审批 顺勇　　　财务主管 方芳　　　部门主管 李阳　　　经办人 徐小燕

票据簿

27-2

中国建设银行　中国建设银行单位客户专用回单

币别：人民币　　　2022年02月19日　　　流水号：32060678HD27FY9

付款人	全　称	江东东方服饰有限公司	收款人	全　称	江州源茂自动化设备有限公司
	账　号	36036041247716258466		账　号	36007391677188239063
	开户行	中国建设银行江州市沿江支行		开户行	中国建设银行江州市沿江支行
金　额	（大写）人民币贰万元整				（小写）￥20,000.00
凭证种类	电汇转账凭证		凭证号码	73269791394900	
结算方式	转账		用　途	预付生产线租金	

打印柜员：32066045001
打印机构：江州市沿江支行
打印卡号：23729384928520

交易机构：320001450
交易柜员：320001450D36

打印时间：2022-02-19

票据簿

2B-1

江州市社会保险费征缴通知单

参保单位编号：123690　　　　缴费期：202202　　　　保费所属期：202201　　　　单位：元

NO: 83920317

参保单位名称：	江东东方服饰有限公司			缴拨方式：		
应申报工资缴费	62200.00	缴费基数	62200.00	缴费人数	11	
缴费项目	单位缴纳	个人缴纳	缴纳项目	单位缴纳	个人缴纳	
基本养老保险费	9952.00	4976.00	失业保险费	311.00	311.00	
基本医疗保险费	4354.00	1244.00	工伤保险费	217.70	—	
补充医疗保险费	342.10	—	生育保险费	497.60	—	
公务员医疗补助						
征缴额：	⑧贰万贰仟贰佰零伍元肆角整			合计：	￥22205.40	

经办人：王　波　　　　经办时间：2022-02-20　　　　打印人：李莉

备注：此单据有效期一个月，过期作废。　　　　　　　　社会保险基金管理中心

票据簿

2B-2

中国建设银行　中国建设银行单位客户专用回单

转账日期：2022年02月20日　　　凭证号：360102339OJGF83YY78

纳税人全称及纳税人识别号：江东东方服饰有限公司 91370282607784659L

付款人全称：江东东方服饰有限公司
付款人账号：36036041247716258466
付款人开户银行：中国建设银行江州市沿江支行
小写（合计）金额：¥22205.40
大写（合计）金额：人民币贰万贰仟贰佰零伍元肆角整

税（费）种名称	所属时期	实缴金额
养老保险费	2022.01.01-2022.01.31	14928.00
医疗保险费	2022.01.01-2022.01.31	5940.10
失业保险费	2022.01.01-2022.01.31	622.00
工伤保险费	2022.01.01-2022.01.31	217.70
生育保险费	2022.01.01-2022.01.31	497.60

征收机关名称（委托方）：江州税务局　咨询（投诉）电话：12366
收款国库（银行）名称：国家金库江州市支库
缴款书交易流水号：20220211119756758
税票号码：32022156712378 6434

中国建设银行 电子回单 专用章

打印时间：2022-02-20　　交易柜员：320001450D36　　交易机构：320001450

票据簿

28-3

江州市住房公积金汇缴书

单位名称	江东东方服饰有限公司			汇缴年月					202202			
单位代码	284516			汇缴人数					11			
汇缴金额（大写）	玖仟玖佰伍拾贰元整				亿	千	百	十	万	千	百	十	元	角	分
									￥	9	9	5	2	0	0
附报资料	项目	人数	金额	单位	职工
	上月汇缴	11	9952.00	4976.00	4976.00
	本月增加				
	本月减少				
	技术调整				
	本月汇缴	11	9952.00	4976.00	4976.00

中心盖章

住房公积金管理中心制

票据簿

2B-4

中国建设银行　　中国建设银行单位客户专用回单

币别：人民币　　2022年02月20日　　流水号:320606F8Y719FT732

付款人	全 称	江东东方服饰有限公司	收款人	全 称	汀州市住房公积金管理中心
	账 号	36036041247716258466		账 号	36036350040007587
	开户行	中国建设银行汀州市沿江支行		开户行	中国建设银行汀州市新区支行
金　额	（大写）人民币玖仟玖佰伍拾贰元整				（小写）¥9,952.00
凭证种类	电汇转账凭证		凭证号码		78349589 1845
结算方式	转账		用　途		住房公积金
			打印柜员：3206045001 打印机构：汀州市沿江支行 打印卡号：23729384928520		

打印时间：2022-02-20　　交易柜员:320001450D36　　交易机构:320001450

（　借方回单　）　（　付款人回单　）

本回单可通过网点自助设备或建行网站校验真伪

票据簿

29-1 工资计提表

2022年2月

部门	应发工资	应扣个人缴纳保险			住房公积金 8%	税前合计	个人所得税	实发金额
		养老保险 8%	医疗保险 2%	失业保险 0.5%				
行政部	19,400.00	1,552.00	388.00	97.00	1,552.00	15,811.00	20.49	15,790.51
财务部	11,200.00	896.00	224.00	56.00	896.00	9,128.00	—	9,128.00
销售部	10,700.00	856.00	214.00	53.50	856.00	8,720.50	—	8,720.50
采购部	10,700.00	856.00	214.00	53.50	856.00	8,720.50	—	8,720.50
仓储部	10,200.00	816.00	204.00	51.00	816.00	8,313.00	—	8,313.00
合计	62,200.00	4,976.00	1,244.00	311.00	4,976.00	50,693.00	20.49	50,672.51

票据簿

社保计算表

2022年2月

部门	工资合计	企业								个人					合计					
		养老保险 16%	基本医疗保险7%	补充医疗保险0.55%	失业保险 0.5%	工伤保险 0.35%	生育保险 0.8%	小计	养老保险 8%	医疗保险 2%	失业保险 0.5%	小计	养老保险	医疗保险	失业保险	工伤保险	生育保险	合计
行政部	19,400.00	3,104.00	1,358.00	106.70	97.00	67.90	155.20	4,888.80	1,552.00	388.00	97.00	2,037.00	4,656.00	1,832.70	194.00	67.90	155.20	6,925.80
财务部	11,200.00	1,792.00	784.00	61.60	56.00	39.20	89.60	2,822.40	896.00	224.00	56.00	1,176.00	2,688.00	1,069.60	112.00	39.20	89.60	3,998.40
销售部	10,700.00	1,712.00	749.00	58.85	53.50	37.45	85.60	2,696.40	856.00	214.00	53.50	1,123.50	2,568.00	1,021.85	107.00	37.45	85.60	3,819.90
采购部	10,700.00	1,712.00	749.00	58.85	53.50	37.45	85.60	2,696.40	856.00	214.00	53.50	1,123.50	2,568.00	1,021.85	107.00	37.45	85.60	3,819.90
仓储部	10,200.00	1,632.00	714.00	56.10	51.00	35.70	81.60	2,570.40	816.00	204.00	51.00	1,071.00	2,448.00	974.10	102.00	35.70	81.60	3,641.40
合计	62,200.00	9,952.00	4,354.00	342.10	311.00	217.70	497.60	15,674.40	4,976.00	1,244.00	311.00	6,531.00	14,928.00	5,940.10	622.00	217.70	497.60	22,205.40

票据簿

30-2 公积金计算表

2022年2月

部门	工资合计	单位缴纳公积金8%	个人缴纳公积金8%	合计
行政部	19,400.00	1,552.00	1,552.00	3,104.00
财务部	11,200.00	896.00	896.00	1,792.00
销售部	10,700.00	856.00	856.00	1,712.00
采购部	10,700.00	856.00	856.00	1,712.00
仓储部	10,200.00	816.00	816.00	1,632.00
合计	62,200.00	4,976.00	4,976.00	9,952.00

票据簿

引-1

销售成本计算表
年 月 日

单位：元

商品名称	期初库存			本期购入			加权平均单位成本	本期销售			期末库存		
	数量	单价	金额	数量	单价	金额		数量	单价	金额	数量	单价	金额
男式运动服套装													
女式运动服套装													
合计													

制单：

票据簿

凭2-1

固定资产折旧计算表

2022年2月28日

使用部门	类别	名称	入账日期	原值	预计净残值率	预计净残值	预计使用年限	年折旧额	月折旧额	累计折旧
行政部	家具工具器具	办公桌椅	2021-10	2,472.00	5%	123.60	5	469.68	39.14	156.56
行政部	家具工具器具	文件柜	2021-10	576.80	5%	28.84	5	109.59	9.13	36.52
行政部	电子设备	电脑	2021-10	14,238.00	5%	711.90	3	4,508.70	375.73	1,502.92
行政部	电子设备	打印机	2021-10	2,260.00	5%	113.00	3	715.67	59.64	238.56
财务部	家具工具器具	保险柜	2021-10	1,236.00	5%	61.80	5	234.84	19.57	78.28
合 计				20,782.80		1,039.14		6,038.48	503.21	2,012.84

制单：方芳

票据簿

归-1

无形资产摊销表

所属期限：2022年02月

项目	金额	摊销期间	摊销期（月）	月摊销额	累计摊销额	剩余摊销金额
财务软件	3,000.00	2022.1-2023.12	24	125.00	250.00	2,750.00

制单：方芳

票据簿

J4-1

租金管理摊销表

所属期限：2022年02月

项目	金额	摊销期间	摊销期（月）	月摊销额	累计摊销额	剩余摊销金额
房租	30,000.00	2021.10-2022.12	15	2,000.00	10,000.00	20,000.00

制单：方芳

票据簿

当期损益计算表

表5-1

收入类科目	本月发生额	费用类科目	本月发生额
主营业务收入		主营业务成本	
其他业务收入		其他业务成本	
营业外收入		税金及附加	
投资收益		管理费用	
		销售费用	
		财务费用	
		资产减值损失	
		营业外支出	
合计		合计	
当期损益（利润为正，亏损为负）			

票据簿

3b-1

中国建设银行股份有限公司活期存款明细账

币别：人民币 账号：36036041247716258466 开户名：江东东方服饰有限公司 日期：2022-02-01至2022-02-28

日期	凭证种类	摘要	户名	发生额 借方	发生额 贷方	余额	方向	交易流水号
		期初余额			875,757.08	875,757.08	贷	
20220201	转账凭证	报销人才招聘费	江州博万人力资源有限公司	2,000.00		873,757.08	贷	36010233903478SOX2
20220201	转账凭证	接收备用金		5,000.00		868,757.08	贷	36010233903478SOX3
20220202	转账凭证	收到货款	江州恒隆贸易有限公司		397,760.00	1,266,517.08	贷	36010233903478SOX4
20220202	转账凭证	支付百度推广费	百度在线网络技术（上海）有限公司	5,000.00		1,261,517.08	贷	36010233901278836k9
20220202	转账凭证	购买轿车	江州市华宏汽车有限公司	273,497.00		988,020.08	贷	36010233903478SOX5
20220202	电子缴税凭证	缴纳车辆购置税	待报解预算收入（财库联网集中户）	24,203.27		963,816.81	贷	36010233390N4PZJGFY
20220202	转账凭证	缴纳保险费、车船税	中国人寿财产保险股份有限公司江州市中心支公司	5,786.14		958,030.67	贷	36010233390UT9713K9
20220209	电子缴税凭证	缴纳上月增值税	待报解预算收入（财库联网集中户）	14,096.04		943,934.63	贷	36010233390UJID757F
20220209	电子缴税凭证	缴纳上月城建税、教育费附加	待报解预算收入（财库联网集中户）	1,691.52		942,243.11	贷	36010233908Y9HPJ98
20220209	电子缴税凭证	缴纳上月印花税	待报解预算收入（财库联网集中户）	607.40		941,635.71	贷	36010233908639K91F
20220210	转账凭证	收到货款	江州市华体育		44,496.00	986,131.71	贷	36010233390UY686R70
20220210	企业网银结算费	网银支付工资		50,672.51		1,135,291.71	贷	36010233390EIUR9402
20220215	转账凭证	支付建行手续费		15.00		1,084,619.20	贷	36016354704P2V037
20220219	转账凭证	支付水费	江州市尚农水务有限公司	144.29		1,084,604.20	贷	36016359687VRUTGYY1
20220219	转账凭证	支付电费	国网江州电力有限公司	1,519.00		1,084,459.91	贷	3208548917T6225W05
20220219	转账凭证	预付生产线租金	江州源茂自动化设备有限公司	20,000.00		1,082,940.91	贷	36010233903UJ78LU
20220220	电子缴税凭证	缴纳社保	待报解预算收入（财库联网集中户）	22,205.40		1,062,940.91	贷	3603890FDT457UJHK
20220220	转账凭证	缴纳公积金	江州市住房公积金管理中心	9,952.00		1,040,735.51	贷	36010233905U5701P
						1,030,783.51	贷	

打印时间：2022-03-01 13:22:25 打印机构：建设银行江州浙江支行 打印柜员：53051645AJ5 打印卡号：36036041247716258466

票据簿

3b-2

ICBC 中国工商银行　　　对　账　单

户名：江东东方服饰有限公司　　　币别：人民币　　　对账所属期：2022年02月
账号：1206045200232456458　　　　　　　　　　　　　　　第 1 页

交易日期	交易摘要	凭证号	借方（支出）	贷方（收入）	借/贷标志	余额	柜员号
上月余额					贷	200,000.00	
2022/2/9	支付货款		121437.00		贷	78,563.00	
2022/2/19	支付工行手续费		18.00		贷	78,545.00	
2022/2/19	支付工行利息		800.00		贷	77,745.00	

（中国工商银行股份有限公司雅利门支行 业务专用章（01））

票据簿

36-3 专用发票汇总表

制表日期:2022年03月01日
所属期间:2022年02月~02月
税控盘 2022年02月~02月　资料统计
纳税人识别号:　91370282607784659L
企业名称:江东东方服饰有限公司
地址电话:江州市沿江东路88号0377-6780555

★ 发票领用存情况 ★

期初库存份数	22	正数发票份数	3	负数发票份数	1
购进发票份数	0	正数废票份数	0	负数废票份数	0
退回发票份数	0	期末库存份数	18		

★ 销项情况 ★
金额单位:元

序号	项目名称	合计	13%	9%	6%	4%	3%	其他
1	销项正废金额	0.00	0.00	0.00	0.00	0.00	0.00	0.00
2	销项正数金额	458000.00	458000.00	0.00	0.00	0.00	0.00	0.00
3	销项负废金额	0.00	0.00	0.00	0.00	0.00	0.00	0.00
4	销项负数金额	22000.00	22000.00	0.00	0.00	0.00	0.00	0.00
5	实际销售金额	436000.00	436000.00	0.00	0.00	0.00	0.00	0.00
6	销项正废税额	0.00	0.00	0.00	0.00	0.00	0.00	0.00
7	销项正数税额	59540.00	59540.00	0.00	0.00	0.00	0.00	0.00
8	销项负废税额	0.00	0.00	0.00	0.00	0.00	0.00	0.00
9	销项负数税额	2860.00	2860.00	0.00	0.00	0.00	0.00	0.00
10	实际销项税额	56680.00	56680.00	0.00	0.00	0.00	0.00	0.00

票据簿

36-4　普通发票汇总表

制表日期：2022年03月01日
所属期间：2022年02月~02月
税控盘 2022年02月~02月　资料统计
纳税人识别号：　91370282607784659L
企业名称：江东东方服饰有限公司
地址电话：江州市沿江东路88号0377-6780555

★　发票领用存情况　★

期初库存份数	24	正数发票份数	0	负数发票份数	0
购进发票份数	0	正数废票份数	0	负数废票份数	0
退回发票份数	0	期末库存份数	24		

★销 项 情 况★
金额单位：元

序号	项目名称	合计	13%	9%	6%	4%	3%	其他
1	销项正废金额	0.00	0.00	0.00	0.00	0.00	0.00	0.00
2	销项正数金额	0.00	0.00	0.00	0.00	0.00	0.00	0.00
3	销项负废金额	0.00	0.00	0.00	0.00	0.00	0.00	0.00
4	销项负数金额	0.00	0.00	0.00	0.00	0.00	0.00	0.00
5	实际销售金额	0.00	0.00	0.00	0.00	0.00	0.00	0.00
6	销项正废税额	0.00	0.00	0.00	0.00	0.00	0.00	0.00
7	销项正数税额	0.00	0.00	0.00	0.00	0.00	0.00	0.00
8	销项负废税额	0.00	0.00	0.00	0.00	0.00	0.00	0.00
9	销项负数税额	0.00	0.00	0.00	0.00	0.00	0.00	0.00
10	实际销项税额	0.00	0.00	0.00	0.00	0.00	0.00	0.00

票据簿

36-5

发票清单

认证月份：202202

纳税人识别号：913702826077846591

单位：元

序号	发票代码	发票号码	开票日期	销方税号	销方名称	金额	税额	税率	认证方式	确认/认证日期	发票类型	发票状态
1	3200510122	32118520	2022/2/1	91370000718849503M	江州省万人力资源有限公司	1,886.79	113.21	6%	勾选认证	2022-02-28	增值税专票	正常
2	3100183130	59525210	2022/2/2	91310114727120613B	百度在线网络技术（上海）有限公司	4,716.98	283.02	6%	勾选认证	2022-02-28	增值税专票	正常
3	1320019223360	02038243	2022/2/2	91370855794242101A	江州市华宏汽车有限公司	273,497.00	31,464.26	13%	勾选认证	2022 02 28	机动车销售统一发票	正常
4	3200847545	54117717	2022/2/2	91370221115874123X	中国人寿财产保险股份有限公司	5,119.00	307.14	6%	勾选认证	2022-02-28	增值税专票	正常
5	3200847575	89913519	2022/2/3	91320220321457960	江州顺丰速运有限公司	132.08	7.92	6%	勾选认证	2022-02-28	增值税专票	正常
6	3200420745	11213540	2022/2/4	91370556MA112101L	江州喜悦服饰有限公司	300,000.00	39,000.00	13%	勾选认证	2022-02-28	增值税专票	正常
7	3200420850	22210066	2022/2/4	91370600863134190G	江州凯洋服饰有限公司	186,000.00	24,180.00	13%	勾选认证	2022-02-28	增值税专票	正常
8	3200170120	12339559	2022/2/19	91370200135902120F	江州市尚农水务有限公司	132.38	11.91	9%	勾选认证	2022-02-28	增值税专票	正常
9	3200170120	00886473	2022/2/19	91370214667273100H	国网江州电力有限公司	1,344.25	174.75	13%	勾选认证	2022-02-28	增值税专票	正常